안중근과 걷다

크라스키노에서 상하이까지

박영희, 최종수 지음

숨쉬는
책공장

박영희, 최종수 지음

안중근과 걷다

크라스키노에서 ──────────── 상하이까지

숨쉬는
책공장

하얼빈
哈爾濱市

차이자거우
蔡家溝

창춘
長春市

지린
吉林市

중국
CHINA

선양
瀋陽市

신의주

북한
NORTH KOREA

뤼순
旅順

다롄
大連市

평양

안중근과 함께 걷는 길

말타기와 사냥을 즐겼던 안중근의 변화는 어디에서 온 걸까? 천주교 입교는 안중근을 독실한 그리스도인으로 바꿔놓았다. 옥중 자서전《안 응칠 역사》에 그의 가두선교 장면이 생생하게 그려져 있다.

안중근의 두 번째 변화는 한반도 외교권을 박탈한 일본의 을사늑약이다. 북간도와 상하이를 다녀온 안중근은 연해주로 망명해 본격적인 독립운동에 뛰어든다. 그는 시종 한반도의 독립과 아시아 평화를 주창하는데, 걸림돌로 작용한 인물이 바로 이토 히로부미다. 한반도에 초대 통감부로 부임한 이토를 제거하지 않고는 그 어떤 것도 불가능해 보였다.

역사는 때로 강물의 걸음걸이로 흐른다 했던가. 어떤 것들은 사라지고 어떤 것들은 여전히 그곳에 맴돈다. 한 그루 나무가 숲을 이뤄가듯 그 생명력 또한 무한하다. 세계 어느 곳에서도 찬란한 숲을 볼 수 있다.

안중근과 함께 걷는 첫 번째 여정은 단지동맹비가 세워진 크라스키노에서 시작되었다. 안중근의 손도장 기념비는 장엄했다. 왼손 무명지가 잘린 손도장에서 자주독립을 염원하는 강한 의지가 읽혔다. 반면 크라스키노는 의병 전투에서 패한 안중근에게 우울한 망명지였다. '다시는 크라스키노로 돌아오고 싶지 않다'는 그의 선언이 절명처럼 들렸다. 블라디보스토크에서 날아온 한 장의 전보가 없었다면 하얼빈 역 거사도 어려운 일이었다.

안중근이 기선汽船을 타고 떠난 포시에트 항구를 빠져나와 빨치산스크(수청)로 향했다. 연해주 남쪽에서 북쪽으로 길게 뻗은, 시보데알린 산맥에 위치한 빨치산스크는 안중근에게 매우 각별한 장소다. 의병 모집 연설에 감동한 백여 명의 청년들이 '수청파'를 결성했고, 한인동포들은 6000루블의 군자금을 내놓았다. 의병 모집 연설에서 안중근은 '의義'와 '단합團合'을 강조하는데, 이토 히로부미의 심장을 겨눈 총구만큼이나 이천만 동포에게 바라는 간절한 소망이었다. 분열은 곧 패망을 의미했다.

블라디보스토크에서《대동공보》신문사를 찾는 건 매우 어려운 일이다. 포그라니치나야 거리(개척리)에 언덕을 지칭하는 웅덩마퇴와 둔덕마퇴가 백 년 전 흑백사진의 기억을 어렴풋이 되살려주었다. 여섯 발의 총성으로 막을 내린 하얼빈 거사는 치밀하게 진행되었고, 경비와 총기를 제공한 곳도《대동공보》였다. 블라디보스토크발 하얼빈행 기차에 오르기 전 안중근은 의미심장한 말을 남겼다.

'이번 길에 꼭 총소리를 내리다.'

안중근과 함께 걷는 길에서 잠깐, 다녀올 곳이 있었다. 최재형과 이상설이 잠든 우수리스크다. 페치카 최재형은 안중근의 소리 없는 후원자로, 헤이그 밀사 이상설은 안중근이 가장 존경한 인물로 생을 마감했다. 또한 우수리스크는 안중근 가족이 이주해 살 때 두 동생(정근, 공근)이 최초로 벼농사를 성공시켰던 곳이다.

러시아에서 중국으로 넘어가는 국경에선 신경이 곤두섰다. 무장한 러시아 군인과 감시 카메라가 그라데코보 역 주변을 에워쌌다. 용기를 낼 수 있었던 건 안중근을 믿었기 때문이다. 들불처럼 번지는 번뇌 속에서도 안중근의 과녁은 흔들림이 없었다. 국경역 사진은 간절한 기도의 선물이었다.

연해주 벌판을 거슬러 오른 두 번째 여정은 쑤이펀허, 무링, 하얼빈, 차이자거우, 창춘, 북간도, 뤼순, 상하이로 이어졌다. 잠시 숨을 고른 뒤, 안중근의 아내이자 세 자녀의 어머니였던 김아려의 심정을 헤아려보았다. 신부가 되길 바랐던 장남 분도를 무링에서 잃고 만 것이다.

안중근이 대한의군 참모중장으로 임무를 마친 하얼빈 역은 역사驛舍에 안중근 기념관이 들어서면서 사람들로 붐볐다. 중국 학생들의 단체 관람이 이채로웠다. 베이징대학 천두슈 교수는 하얼빈 거사를 지켜보며 흥미로운 말을 남겼다.

"나는 (중국) 청년들이 톨스토이나 타고르가 되기보다 콜럼버스와 안중근이 되길 원한다."

첫 번째 거사 장소로 삼았던 차이자거우와 안중근 일행이 하룻밤을 보낸 창춘의 관동군 헌병대도 빠트릴 수 없었다. 다음 날 아침 뤼순행 기차에 오른 안중근의 망명 생활도 만주 벌판을 가로지르는 기적 소리와 함께 저물어가고 있었다. 장부가 세상에 태어나 큰 뜻을 품었으니 외로운 길만은 아니었으리라. 안중근은 자신이 걸어온 길을 천명으로 받아들였다.

안중근과 함께 걷는 길도 어느덧 막바지에 이르렀다. 사형 집행을 당한 뤼순감옥에서 크라스키노를 바라보니 아득하게 느껴졌다. 날짜도 구월에서 시월로 바뀐 지 오래다. 평일인데도 뤼순감옥은 하얼빈역 기념관보다 붐볐다. 누군가의 죽음이 훗날 기념이 될 수 있다는 건 신념을 굽히지 않은 의사義士의 삶을 살았다는 증거 아닐까? 안중근과 같은 장소에서 순국한 신채호, 이회영과의 해후도 여간 기쁜 일이 아닐 수 없다.

뤼순에서 상하이는 기차로 꼬박 스물다섯 시간을 달려야 하는 먼 여정이다. 안중근 사형 후 가족들은 일제의 감시를 피해 크라스키노, 무링, 우수리스크를 거쳐 상하이에 정착하는데 그들의 소식이 궁금했다.

안중근과 함께 걷는 길에서 성찰의 시간도 주어졌다. 하루하루 기도하는 삶이다. 먼 여정의 길잡이가 되어준 안중근 의사에게 다시 한번 감사드린다.

차례

크라스키노

● 첫 번째 발걸음 ●

안중근의 결의, 단지동맹

크라스키노 전경

과거 한인들은 크라스키노를 '연추煙秋'라고 불렀다. 연추에 관한 설명은 이사벨라 버드 비숍이 쓴 《조선과 그 이웃 나라들》에서 읽을 수 있다. 조선을 네 차례 여행한 비숍은 1894년 가을, 연추를 찾아가는 과정을 다음과 같이 묘사했다.

평평한 평지의 농촌 지역은 깊고 기름진 검은 땅 위에 곡류와 근채根菜 채소들이 거의 다 자란 상태였다. 이미 곡식의 수확이 끝난 뒤라 땅은 깔끔하게 갈아엎어져 있었다. 조선의 농촌 마을에서 보던 것보다 훨씬 더 좋은 집들이 곳곳에 흩어져 있었다. (중략) 노보키예프스키에서 조금 더 가니 안치혜(연추)라 불리는 큰 마을이 나타났는데, 이곳에는 러시아 학생들과 한인 학생들이 함께 공부하고 있는 깔끔한 학교가 있었으며, 내부 장식이 두드러지게 화려하고 사제의 사택이 붙어 있는 러시아정교 교회가 있었다. 안치혜는 매우 부유한 마을이었다. 이 마을과 부근 지역에서 모두 400명의 한인들이 러시아정교에 입교하고 세례를 받았다고 한다. 나는 사제에게 한인들의 삶에 대해 물어보았다. 그는 배울 것이 많고 다음 세대에 보다 많은 희망이 있다고 말했다.

안중근은 그보다 조금 늦은, 1909년 연추에서 단지동맹을 결행했다.

1909년 2월 나는 연추 방면으로 돌아왔다. 열두 명의 동지와 상의 끝에 나는 이렇게 말했다.

"우리가 그동안 아무 일도 이룬 것이 없으니 주변 사람들의 비웃음을 면하기 어려울 것이오. 뿐만 아니라, 특별한 단체가 없으면 어떤 일이고 목적을 달성하기 어려울 것이오. 그러니 오늘 우리가 손가락을 끊어 맹세함으로써 한마음으로 단체를 이루고, 나라를 위해 몸을 바쳐 목적을 달성하는 것이 어떻소?"

모두가 따르겠다고 했다. 이에 열두 명은 각각 왼손 무명지를 끊어 그 피로써 태극기 앞면에 '大韓獨立(대한독립)' 네 글자를 크게 썼다. 쓰기를 마친 우린 '대한 독립 만세'를 삼창하였고, 하늘과 땅에 맹세한 다음 흩어졌다.

그러나 안타깝게도 연추 마을은 사라진 지 오래다. 1938년 7월 일본군과 전투를 벌이다 전사한 러시아 크라스킨 중위의 이름을 따 크라스키노로 바뀌었다. 장고봉 전투에서 승전한 그의 기념비가 크라스키노 동산에 세워졌다.

블라디보스토크 공항에서 내려 크라스키노로 가는 길은 가을이 완연하다. 드넓은 연해주 벌판은 진한 원색의 갈잎과 억새꽃이 어우러져 색다른 풍경을 자아냈다. 자동차로 두 시간 반을 달려오는 동안 비숍

태극기 앞면에 '大韓獨立(대한독립)' 네 글자를 크게 썼다.

크라스키노로 가는 길은 가을이 완연하다.

이 말한 기름진 땅은 거의 찾아볼 수 없었다. 거친 황무지만 끝없이 펼쳐졌다.

러시아 핫산스키군郡에 위치한 크라스키노는 작은 소읍으로, 인구는 이천 명쯤 되었다. 오후 네 시경 그곳에 도착하자 길은 다시 두 갈래로 뻗어나갔다. 러시아 최남단 핫산은 46킬로미터, 중국 혼춘은 110킬로미터를 더 가야 한다. 크라스키노와 국경을 접한 혼춘은 북한 회령 땅과 가깝다.

중국인이 운영하는 숙소에 여장을 풀었다. 한국인 숙박은 극히 드문 일이라며 반갑게 맞아주었다.

크라스키노에는 우리나라 남양유업에서 운영하는 농장이 두 개 있다. 콩을 재배하는 농장과 알로에를 재배하는 농장이다. 2차선 차도를 따라 핫산 방향으로 이십여 분 걸어가자 주카노프카 다리가 나왔다. 단지동맹 기념비는 알로에 농장으로 들어가는 길목에 자리했다. 탁 트인 주변 들판이 가슴을 시원하게 풀어주었다.

1909년 2월 7일 안중근 의사를 비롯한 결사동지 김기룡, 백남규, 황길병, 조순응, 강기순, 강계찬, 정원주, 박봉석, 유치홍, 김백춘, 김천화 등 12인은 이곳 크라스키노에서 조국의 독립과 동양의 평화를 위하여 단지동맹하다.

2001년 10월 광복회와 고려학술문화재단이 설립한 단지동맹 기념비는 조금 전 다리를 건너온 주카노프카 강변 마을에 있었다. 강물이 범람하면서 기념비가 물에 잠기는 일이 발생하자, 지금의 장소로

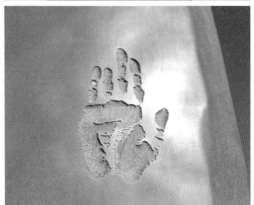

단지동맹 기념비와 손바닥 도장

옮겨졌다.

높이 4미터, 폭 1미터 크기로 제작된 단지동맹 기념비는 중심에 안중근이 자리했다. 세계에서 유일한 왼손 무명지가 잘린 손바닥 도장이 강한 의지의 표현으로 다가왔다. 일제에 빼앗긴 조국의 독립과 아시아의 평화를 이 손으로 이루고야 말겠다는……!

1907년 11월 블라디보스토크로 망명한 안중근은 이범윤, 최재형, 이위종, 홍범도 등 각계각층의 다양한 사람들을 만났다. 본격적인 활동은 연해주 독립운동의 서막을 알리는 '동의회同義會'를 통해서였다. 최재형의 집에서 열린 동의회 결성식에서 안중근은 평의원으로 선출되었다.

천주교 입교 후 가두선교를 할 때처럼 안중근은 의병 모집에 열정을 쏟았다. 대중연설은 그에게 하늘이 내려준 커다란 선물이었다.

"의병은 먼저 의義에 기초해야 합니다. 만약 자신의 자유의지가 아닌, 강압에 의해 의병이 된다면 그는 이미 의를 잃은 사람입니다. 하늘은 스스로 돕는 자를 돕기 때문입니다."

안중근의 의병 모집 연설은 성서를 인용한 비유가 적절히 가미되었다. 그는 찾아가는 곳마다 의와 단합을 강조했다.

"동포 여러분! 뿌리 없는 나무가 어찌 건강하게 자랄 수 있으며, 나라 없는 백성이 어디서 안심하고 살 수 있겠습니까? 우리가 일본에 나라를 빼앗긴 것은 결속이 부족해서입니다. 이걸 알면서도 우리가 아무런 준비도 하지 않는다면, 일본이 전쟁에서 패한다 해도 우리 조국은 다른 나라의 손아귀에 들어가고 말 것입니다. 그러므로 우리는 의병을 일으켜 스스로 국권을 되찾고 독립을 굳건히 해야 합니다."

연해주 한인동포 마을을 순회하며 펼친 안중근의 유세는 큰 반향을 일으켰다. 연설에 감동한 청년들이 서로 의병에 지원하겠다며 안중근을 따라나섰다.

의병 모집이 호응을 얻으면서 마침내 연해주 의병부대가 창설되었다. 총독 김두성, 대장 이범윤, 좌군영장 엄인섭에 이어서 안중근은 우군영장에 선임되었다. 재판 과정에서 자신을 대한제국 의병 참모중장이라고 밝힌 것도 그런 이유였다. 우군영장은 의병부대에서 참모중장을 의미했다.

1908년 6월 크라스키노에 본부를 둔 연해주 의병부대의 첫 전투는 국내로 진입해 정보를 수집하고, 일본군을 교란하는 진공작전이었다. 삼백여 명의 의병을 거느린 안중근은 포시에트 항에서 뗏목을 이용해 핫산 강을 건넜다.

러시아 핫산과 국경을 맞댄 홍의동(함경북도 경흥군) 전투는 일본군 수비대를 급습하면서 생각보다 쉽게 끝났다. 일본군 사상자는 십여 명인 데 반해 아군 사상자는 단 한 명도 없었다.

"우영장님, 우리가 이겼습니다! 드디어 우리가 해냈습니다!"

첫 전투에서 승전의 기쁨을 맛본 의병들은 자신감에 차올랐다. 부대원들을 통솔하는 안중근은 긴장의 끈을 놓지 않았다.

전투는 갈수록 치열해졌다. 경흥군 인근에 당도한 안중근은 정찰병을 보내 일본군의 동태를 살피도록 지시했다. 두 번째 목표는 경흥군 읍내를 장악하고 있는 일본군을 속히 몰아내는 일이었다. 정찰병이 돌아오자 안중근은 공격 태세를 갖췄다. 읍내까지 일본군 초소는 모두

네 개, 지금의 기세라면 해볼 만한 싸움이었다.

교전이 시작되었다. 초입에 설치한 네 개의 초소를 차례대로 공략한 안중근 부대는 읍내로 진격해 들어갔다. 일본군이 퇴각한 경흥군 읍내는 전투를 벌인 지 네 시간 만에 요란한 함성으로 뒤덮였다. 만세를 외치는 주민들도 있었다. 사십여 구의 일본군 시신 수습도 주민들이 도맡았다.

두 번의 전투에서 승기를 잡은 안중근은 무엇보다 우덕순을 다시 보는 게 반가웠다.

"우 동지를 여기서 만나는구려."

"안 동지가 전방을 치고 들어온다기에 후방을 방어하고 있었네."

이번 국내 진공작전은 다섯 개 부대가 서로 다른 방향에서 전투를 치르는 중이었다. 전체 병력이 합류할 최종 목적지는 두만강 상류 회령이었다. 행군은 주로 밤에 이뤄졌다.

날이 밝자 안중근은 경원군 방향으로 길을 잡았다.

두만강 상류가 가까워 오면서 일본군 병력도 눈에 띄게 많아졌다. 남쪽으로 이동 중인 안중근 부대와 몇 차례 교전이 벌어진 후였다. 일본군을 생포한 안중근의 표정이 밝지 못했다. 십여 명의 포로 가운데 장사치로 보이는 민간인도 섞여 있었다.

안중근이 먼저 말문을 열었다.

"그대들은 일본의 백성이 아닌가?"

"맞습니다."

"그런데 무슨 연유로 천황의 뜻을 받들지 않는가? 러일전쟁을 개전할 때 일본국 천황이 말하였다. 동양평화를 유지하고 한국의 독립을 군건히 하겠다고. 그런 일본국이 앞다투어 침략하니 이를 어찌 믿을 수 있겠느냐. 이것은 역적이나 강도가 하는 짓이 아니더냐?"

호통에 가까운 안중근의 질타에 눈물을 보이던 일본인이 대답했다.

"이것은 우리의 본심이 아닙니다. 우리도 어쩌지 못해 그렇게 한 것입니다."

"할 말이 있거든 더 해도 좋다."

"세상에 태어난 이상 누구라도 살기를 원하지 죽기를 원하겠습니까. 더구나 우리는 만리타향 전쟁터에서 무주고혼이 되고 말았으니 얼마나 원통하겠습니까. 오늘의 일은 순전히 이토 히로부미의 잘못으로 벌어진 일입니다. 천황의 뜻을 저버린 이토가 멋대로 권세를 부려, 일본과 한국의 수많은 생명들을 죽이고 있지 않습니까. 자신은 편안히 누워 온갖 복을 다 누리면서 말입니다. 우리도 분한 마음이 없지 않으나 어찌할 도리가 없어 이 지경까지 이르게 되었습니다."

하소연하듯 말을 마친 일본인은 한동안 통곡을 멈추지 않았다. 이를 지켜본 안중근도 안타까운 마음이 들었다.

"말을 들어보니 내 생각과 크게 다르지 않구나. 그대들을 풀어줄 테니 본국으로 돌아가 동양평화를 위해 힘쓰도록 하라."

"정말입니까?"

"대신 포로가 되었던 이야기는 절대 입 밖에 내선 안 될 것이다."

"우리도 부탁이 있습니다. 만약 총을 안 가지고 돌아가면 군법을 면하기 어려울 것입니다."

"알겠다. 너희들의 무기를 돌려주마."

일본군 포로들과 대화를 마친 안중근은 만국공법, 즉 국제법을 제

시했다. 비록 적군일지라도 생포할 경우 돌려보내야 한다는 인도주의 정신에 따른 것이다.

그런데 잠시 후, 돌이킬 수 없는 문제가 발생하고 말았다. 안중근의 일방적인 포로 석방은 의병부대에 큰 파장을 불러왔다.

"우리는 적을 죽일 목적으로 전투를 하고 있소. 한데 당신은 지금 정반대의 행동을 하고 있소. 애써 잡은 적을 돌려보내면 우리의 진짜 목적은 무엇이오?"

고개를 빳빳이 쳐든 채 따져 묻는 의병을 향해 안중근은 고개를 갸웃거렸다.

"절대 그렇지 않소. 적들이 폭행을 자행하는 것은 하느님과 인간을 동시에 분노케 하는 짓이오. 그걸 잘 알고 있는 우리마저 야만적인 행동을 해야만 하겠소? 또 그대들은 일본의 사천만 인구를 모두 죽인 다음에 국권을 회복하려는 것이오? 지금 우리는 약하고 적은 강하니 악전고투할 수밖에 없소."

잠깐 숨을 돌린 안중근은 다시 말을 이었다. 대원들에게 꼭 들려줄 말이 있었다.

"이럴 때일수록 우리는 충성된 행동과 의로운 거사로 이토 히로부미의 포악한 정략을 세계에 알려 열강들의 호응을 얻어야 하오. 그것만이 우리의 한을 풀고 무너진 국권을 회복하는 길이오. 그러니 그대들은 더 이상 여러 말 하지 말고 화합을 먼저 생각해주길 바라오. 그것만이 약한 것으로 강한 것을 물리치고, 어진 것으로 약한 것을 대적하는 일이오."

"말 같잖은 소리 그만하시오! 적들에게 우리의 전력을 노출한 건

당신이 아니오? 그리고 전쟁터에 무슨 신이 있단 말이오. 이제 우리는 당신을 믿을 수 없소."

일본군 포로 석방을 두고 의병들 사이에서 가시 돋친 질타가 쏟아졌다. 더 큰 문제는 그들의 집단행동이었다. 전체 병력 중 사분의 삼이 좌군영장 엄인섭을 따라 퇴각해버렸다.

조용히 눈을 감은 안중근은 몇 남지 않은 의병들을 향해 시를 읊었다.

> 사나이 뜻을 품고 나라 밖에 나왔다가
> 큰일을 못 이루니 몸 두기 어려워라
> 바라건대 동포들아 죽기를 맹세하고
> 세상에 의리 없는 귀신은 되지 말자

자리를 털고 일어난 안중근은 다시 총을 거머쥐었다.

'죽어도 속히 죽고 살아도 속히 살게 해주소서!'

적진을 향해 걸어가는데 외마디 기도가 절로 나왔다. 국제법을 내세워 일본군 포로를 살려 보냈지만, 그의 심연에는 강한 신앙이 자리했다. 안중근은 매순간 기도를 놓지 않는 독실한 천주교 신도였다.

국내 진공작전은 악전고투의 연속이었다. 의병부대 위치가 노출되면서 일본군의 기습이 날로 심해졌다. 영산 전투에서 패한 안중근은 장대비가 쏟아지는 산속에서 풍찬노숙을 견뎌야 했다. 출병에 앞서 부대원들에게 들려준 격려의 말이 목구멍을 뜨겁게 달궜다.

"한 번의 의거로 성공하지 못할 것은 자명하다. 그러나 한 번에 못하면 두 번, 두 번에 안 되면 세 번, 네 번⋯⋯. 백 번을 꺾어도 굴함이 없어야 한다. 만일 우리 대에서 이루지 못한다면 손자 대에 가서라도 반드시 한국의 독립을 되찾고, 우리의 의거도 끝날 것이다."

하지만 사태는 날이 갈수록 심각해졌다. 벌써 이틀째 아무것도 먹지 못했다. 인근 마을에서 얻어온 보리밥 몇 덩이로 겨우 허기를 달랬을 뿐이다.

안중근을 더욱 힘들게 하는 건 부대원들의 일탈이었다. 상관을 향한 복종은커녕 기율마저 무너진 지 오래였다. 한 의병은 자살해버리고 싶다며 울먹였고, 또 다른 의병은 일본군에 사로잡히는 게 낫겠다고 투덜대며 부대의 사기를 떨어뜨렸다.

'어리석도다, 나 자신이여! 저 같은 무리를 이끌고 무슨 일을 꾀할 수 있을 것인가? 누구를 탓하고 누구를 원망하랴. 내 탓이다. 내 탓이로다.'

제 살길만 궁리하는 부대원들을 지켜보면서 안중근은 혼잣말을 되뇌었다. 장맛비로 인해 산속은 뼛속까지 추위가 엄습했다.

가까스로 사지를 빠져 나온 안중근은 크라스키노로 향했다.

처음엔 가까운 친구들마저도 안중근을 알아보지 못했다. 보름 가까이 두 끼밖에 먹지 못해 기아 상태나 다름없었다. 출병 사십여 일 만에 크라스키노로 돌아온 안중근은 천명에 감사했다. 인간의 운명이 왜 하늘에 달려 있는지, 그 의미를 비로소 알 것 같았다.

'나의 운명을 주관하시는 천주시여, 하찮은 목숨을 구해주셔서 감사하나이다.'

겨우 몸을 추스른 안중근은 블라디보스토크로 떠났다. 그러나 마음은 편치 못했다. 무사귀환을 축하하는 환영회 때문만은 아니었다. 적지에서 살아 돌아온 건 맞지만, 패전한 장수가 무슨 염치로 동포들의 환영을 받는단 말인가. 안중근은 떠들썩한 분위기를 조용히 물리쳤다.

이제 어디로 갈 것인가? 어디서부터 다시 시작할 것인가?

국내 진공작전 실패 후 하루하루가 가시방석이었다. 든든한 지원자였던 최재형마저 등을 돌려버려 한숨만 나왔다. 일찍이 러시아에 귀화한 최재형은 연해주 독립운동의 산파이자, 자산가였다. 군수업으로 부를 축적한 최재형은 수입의 대부분을 독립운동과 한인 학교 설립에 쏟아부었다.

두 패로 갈린 세력 다툼도 안중근을 더욱 좌절케 만들었다. 노비 출신의 최재형과 양반 출신의 이범윤은 시간이 흐를수록 골만 깊어졌다. 자신이 가장 우려했던 분열이 계속되자 안중근은 블라디보스토크를 떠나기로 마음먹었다. 나라를 잃은 상황에서마저 끊이지 않는 파벌 싸움은 지켜보는 사람을 더 힘들고 고통스럽게 했다.

머리도 식힐 겸 하바롭스크와 빨치산스크를 돌아본 안중근은 크라스키노에 임시 거처를 마련했다. 북간도에 통감부 간도 파출소가 들어설 때처럼 연해주도 긴박하게 돌아갔다. 러일전쟁에서 패한 러시아 정부가 일본 정부의 항의로 주춤하는 사이, 연해주 의병부대 활동도 공황 상태에 빠져들었다. 돌파구를 모색 중이던 안중근은 직접 동지들을 찾아 나섰다. 1909년 2월 7일, 안중근을 비롯한 12명의 동의단지회는 그렇게 결성되었다.

크라스키노에 자리 잡은 단지동맹 기념비는 '1909년 3월 5일경

석상 한편에 설치된 열다섯 개의 사각형 돌은 깊은 의미를 담고 있다.

12人(인)이 모이다'로 시작된다. 안중근의 단지를 상징하는 4미터 높이의 석상은 십 년 단위로 연도가 새겨졌는데, 과거와 현재가 공존하는 '시간의 길'을 의미한다. 석상 오른편에 설치된 열다섯 개의 사각형 돌도 깊은 의미를 담고 있다. 무명지를 끊은 손마디에서 떨어지는 핏방울과 이토 히로부미를 사살한 15가지의 죄목을 상징하기 때문이다.

농민, 노동자, 이발사 등 직업군이 다양한 열두 명의 단지동맹자 이름을 되새기며 숙소로 돌아가는 길이었다. 안중근 재판 장면이 생생하게 그려졌다.

재판장: 피고는 왼손 무명지 끝마디가 잘려져 있던데 그건 어떤 연고인가?

안중근: 여러 명의 동지들이 모여, 동양평화가 유지될 때까지 조국을 위해 진력하자는 뜻으로 자른 것이다.

재판장: 동맹한 사람들은 모두 손가락을 잘랐는가?

안중근: 그렇다.

재판장: 그때 취지서를 작성했는가?

안중근: 취지서는 내가 썼다.

재판장: 손가락을 자른 피로 국기에 글씨를 썼다고 하는데 사실인가?

안중근: '大韓獨立(대한독립)'이라고 썼다.

재판장: 현재 그 국기와 취지서는 어디에 있는가?

안중근: 동지들과 동맹을 가진 후 그곳을 떠났기 때문에 지금은 잘 모른다.

1909년 3월, 동의단지회가 혈서로 남긴 태극기는 1914년 8월 23일 블라디보스토크에서 발행되는 《권업신문》에 실렸다.

오늘날 우리 동포는 국가가 위급하고 민생이 멸망할 지경에 이르렀건만 그 방법을 찾지 못하고 있다. 어떤 이는 좋은 때를 기다리라 하고, 또 어떤 이는 외국이 도와주면 된다고 하는데 모두 쓸데없는 말이다. 이런 생각을 가진 사람은 놀기를 좋아하고 남에게 의지하려는 자들이다.
우리 이천만 동포가 일심단결하여 눈앞에 보이는 죽음을 두려워하지 않아야 국권을 회복하고 생명을 보존할 수 있다. 그러나 우리 동포는 말로만 애국과 일심단결을 외치고 있다. 뜨거운 마음과 간절한 단체가 없어 이 조직을 만드니, 그 이름을 '동의단지회'라고 한다.

우리 동지들이 손가락 하나씩 끊음은 첫째 국가를 위하여 몸을 바치는 증거요, 둘째는 마음을 하나로 모으는 징표이다.

안중근이 쓴 동의단지회 취지문에서는 그의 성향이 고스란히 읽혀진다. 이천만 동포의 단합과 각자의 실천을 요구하고 있는 것이다.

젖소 떼들이 마을을 배회하며 한가로이 풀을 뜯고 있다. 매주 화요일 장이 서고, 나무숲으로 둘러싸인 전원주택들이 한 폭의 수채화를 보는 것 같은, 러시아 남쪽에 자리한 크라스키노 마을의 전경이다. 그중에서도 크라스키노의 대표적인 상징물은 동산에 세워진 전승 기념비다. 전사자 수만 칠백여 명에 이를 정도로 일본군과의 전투가 치열했던 곳이다.

다음 날 아침, 핫산으로 차를 몰았다. 군사시설 보호구역이라 멀리 못 갈 거라는 현지인의 말을 듣고 떠난 길이었다.

크라스키노를 벗어날 즈음 도로는 비포장으로 바뀌었다. 포시에트만灣과 함께 수풀에 덮인 늪지대가 끝없이 펼쳐졌다. 벼가 누렇게 익어가는 차창 밖 풍경에 시선이 멎었다. 만주와 연해주에서 벼농사는 한인동포들만 지을 수 있는 특별한 농법이었다. 원주민들은 두만강을 건너온 한국인 이주자들을 가리켜 '혁명아'라고 치켜세웠다. 밭농사만 지어온 그들은 논에 물 가두는 법을 알지 못했다.

뿌연 흙먼지를 일으키며 달리는 도로변에 구소련 건물들이 아직 남아 있었다. '하루라도 책을 읽지 않으면 입안에 가시가 돋는다'라고

라즈돌리노예(170km)와 핫산(46km) 이정표

포시에트만

말한 안중근은 톨스토이, 푸쉬킨, 뚜르게네프, 막심 고리끼 등 러시아 문호들을 알고 있었을까? 뤼순감옥에서 집필한 《안응칠 역사》 어디에도 독서와 관련한 이야기는 보이지 않았다. 대신 그는 이렇게 말했다.

"내가 마냥 철부지라서 사냥에만 몰두하는 것 같은가? 아닐세. 한 나라가 문무文武를 고루 갖추고 있어야 남의 나라의 침략을 받지 않는 법이네."

그러니까 안중근은 독서를 잠시 중단하고 총을 든 것이다.

핫산을 십여 킬로미터 남겨둔 지점에서 길이 막히고 말았다. 조금만 더 가면 안중근 부대가 뗏목을 타고 도하했던 두만강을 볼 수 있을 텐데……. 러시아 프리모르스키(러시아어로 '바다와 접해 있다'는 뜻)에 위치한 핫산은 중국과 북한이 만나는 삼각지점이었다.

차를 돌려 크라스키노로 돌아가는 길은 안중근만큼이나 마음이 무거웠다. 동지들과 함께 무명지를 끊는 동맹을 단행했지만 크게 달라진 건 없었다. 한인동포들을 찾아가 국권회복을 연설하고, 조용히 신문을 읽는 정도였다. 사냥과 말타기를 즐겼던 안중근에게 크라스키노 생활은 그처럼 무료할 따름이었다. 헛되이 시간만 보내는 것 같아 초조할 때도 많았다.

안중근은 다시 동지들을 불러 모았다. 그의 품속에는 전보 한 통이 들어 있었다.

"나는 곧 블라디보스토크로 갈 것이오."

불의를 보면 참지 못한다고 해서 붙여진 별명처럼 그의 '번개입'은 거침이 없었다.

"갑자기 왜 그러는 것이오? 혹시 안 동지 신상에 무슨 일이라도 생

도로변에 방치된 구소련 건물

멀리 핫산이 보인다.

긴 것이오?"

"아니오. 자꾸만 마음에 번뇌가 생겨 이곳을 떠나려는 것이오."

"언제쯤 돌아올 생각이오?"

"그 또한 기약할 수 없소. 다시는 돌아오고 싶지 않소."

작정한 듯 내던진 안중근의 발언에 놀란 건 자리에 모인 동지들이었다. 그들은 하나같이 안중근을 괴이한 눈으로 쳐다보았다. 다시는 돌아오고 싶지 않다는 말이 마음에 걸렸다.

1909년 10월 어느 날 밤이었다. 《대동공보》 편집국장 이강은 안중근의 절친 우덕순을 찾아갔다.

"이 좋은 기회를 어찌하면 좋겠나? 그냥 보내기에는 너무 아깝지 않은가!"

"이토 히로부미가 북만주를 시찰하러 온다는 소식 말인가?"

"하나가 더 있네. 이토가 하얼빈에서 러시아 재무장관 코코프체프와 회담을 한다는 정보가 입수되었네."

"그러지 않아도 동지를 기다리는 중이네."

"동지라면 누구를 말하는 건가? 안(중근)인가?"

"그렇네."

"그럼 우(덕순)는 가만히 있게. 안한테는 내가 연락하겠네."

다음 날 날이 밝자 이강은 크라스키노에 있는 안중근에게 급히 전보를 띄웠다. 원흉 이토가 하얼빈에 온다는데 가만히 손 놓고 있을 수가 없었다.

신문사로 돌아온 이강은 일손이 잡히지 않았다. 이토 히로부미는 결코 만만한 상대가 아니었다. 헤이그 밀사 사건이 알려지면서 고종을 폐위시킨 인물인 데다, 외교에 능통한 영국 유학파였다. 하지만 안중근의 비범함과 사격술이라면 능히 이토를 대적할 수 있다는 믿음이 생겼다. 안중근의 사격술은 연해주에서도 익히 알려진 바였다.

1907년 가을, 연해주로 망명해 두 해를 보낸 안중근은 동지들과 작별한 후 포시에트로 떠났다. 《대동공보》신문사가 있는 블라디보스토크를 가려면 포시에트 항구에서 배를 타야 했다.

포시에트

● 두 번째 발걸음 ●

하얼빈을 향해 떠나다

포시에트 이정표

크라스키노에서 자동차로 이십 분 거리에 있는 포시에트는 한인동포들이 가장 많이 살았던 곳이다. 두만강을 건너 포시에트 항에 도착한 한인들은 이곳을 거쳐 빨치산스크, 쁘질로프카, 우수리스크 등지에 정착했다. 마을 안으로 들어서자 지은 지 꽤 오래된 건물에서 지난 흔적들이 켜켜이 묻어났다. 도색이 벗겨지고 색이 바래면서 건물들이 마치 흉물처럼 보였다.

안중근이 배를 탔던 곳은 출입이 어려웠다. 외부를 차단한 채 석탄과 목재를 운반하는 작업이 한창이었다. 접근이 금지된 항구를 벗어나 해안가 쪽으로 발길을 돌렸다. 마을을 등진 쪽빛 바다는 파란 물감을 풀어놓은 듯 강렬한 빛으로 다가왔다.

안중근은 어려서부터 고집이 세고, 한번 옳다고 믿는 것은 굽히지 않았다. 그만큼 매사가 적극적이었다. 일제의 침략을 예감한 건 러일전쟁이 발발할 무렵. 일본 군함이 제물포항을 빠져나가는 러시아 군함을 공격하면서 벌어진 러일전쟁은 안중근의 생각을 바꿔놓았다.

"어쩌면 한국이 위험에 처하게 될지도 모르겠구나."

포시에트 항

세월의 흔적이 묻어나는 바닷가 마을

"왜 그러합니까? 러일전쟁 때문에 그러십니까?"

"두 나라 중 승자가 누가 되든 한국은 좋을 것이 없구나. 러시아가 이기면 러시아가 한국을 주장하게 될 것이요, 일본이 이기면 일본이 한국을 통제하려 들 것이니 어찌 위태롭지 않겠는가?"

안중근은 무릎을 쳤다. 러일전쟁을 지켜보는 빌렘 신부의 안목이 화살처럼 박혀왔다. 한반도의 사활이 걸린 러일전쟁이 제물포 앞바다에서 벌어지고 있는데도 정작 우리는 강 건너 불구경만 하고 있었다.

빌렘 신부와 이야기를 나누던 안중근은 잠시 생각에 잠겼다. 아홉 살 연상인 빌렘 신부와는 서로 싸우면서 친해진 사이였다.

알퐁스 도데가 쓴 《마지막 수업》이 포시에트 항 물결에 출렁였다. 보불전쟁(1870~1871년)이 일어나면서 알자스 로렌 지방은 독일에 병합되는데, '오늘이 마지막 수업'이라는 아멜 선생의 고해사가 귓전을 때렸다. 그날 아멜 선생은 칠판에 힘주어 썼다.

'프랑스 만세! 프랑스 만세!'

1870년 프랑스 알자스 로렌에서 태어난 빌렘 신부는 페낭신학교 교수로 재직했다. 한국으로 건너온 그는 제물포와 평양에서 지내다 1897년 안중근 가족과 만났다.

안중근 가족이 천주교와 인연을 맺은 데는 하나의 사건이 있었다. 1896년 안중근의 부친 안태훈이 동학당으로부터 빼앗은 군량미 천여 가마를 돌려주지 않자 집으로 손님이 찾아왔다.

"당신이 실어온 곡식은 동학당 물건이 아니오. 절반은 탁지부(정부의 회계, 출납, 조세 등을 관장하는 기관)대신 어윤중이 사두었던 것이고, 나머지 절반은 민영준의 농장에서 추수한 것이오. 그러니 지체 말고 당신이 가로챈 곡식을 하루빨리 돌려주시오."

"그 일이라면 난 모르오. 동학당 진영에 있던 것을 가져왔을 뿐이니 그만 돌아가주시오."

집까지 찾아온 손님을 빈손으로 돌려보낸 뒤였다. 황해도 신천군 일대에 이상한 소문이 돌았다.

'두고 보시오. 안태훈이 양성하고 있는 수천 명의 사병私兵을 지금 당장 진압하지 않으면 훗날 국가에 큰 골칫거리가 될 것이오.'

신변의 위협을 느낀 안태훈은 서울로 몸을 피해 명동성당에 머물렀다. 안태훈은 그곳에서 성서 강의와 강론을 들으며 천주교에 빠져들었다. 동학당 군량미 문제도 명동성당에 거주하는 프랑스인들이 해결해주었다. 집으로 돌아오는 길에 안태훈은 성당에서 구입한 천주교 교리서를 가까운 마을 주민들에게 나누어 주었다.

1897년 1월, 안태훈 일가는 빌렘 신부로부터 세례를 받았다. 안중근의 세례명은 다묵多默, 도마(토마스)를 의미한다.

빌렘 신부

하얼빈 거사 후 신문 과정에서 일본 검찰이 안중근에게 물었다.

> 검찰: 그대 이름 밑에 찍은 도장은 영문자로 '코리안 토마스'라고 돼 있는데 맞는가?
> 안중근: 그렇다. 나의 천주교 교명이다.
> 검찰: 《만국역사》에 나오는 지사인인志士仁人의 이름이 아닌가?
> 안중근: 토마스는 로마의 성인 이름이다. 아시아까지 진출해 교세를 확장한 사람으로, 나는 그의 이름을 사용한 것이다.

일본 검찰이 말한 지사인인은 《논어》에 나오는 구절이다. 안중근은 옥중에서 '지사인인 살신성인志士仁人 殺身成仁'을 유묵으로 남겼는데, '높은 뜻을 지닌 선비와 어진 사람은 자기 몸을 바쳐 인仁을 이룬다'는 뜻을 담고 있다.

천주교를 믿기 전 안중근에게 삶의 목표는 네 가지였다.

첫째는 친구와 의리를 맺는 것이요, 둘째는 술과 노래와 춤을 즐기는 것이요, 셋째는 총으로 사냥을 하는 것이요, 네 번째는 날쌘 말을 타고 마음껏 달리는 것이었다. 그러나 안중근의 삶은 일가족이 세례를 받으면서 바뀌었다. 지난 삶이 부모님으로부터 태어난 것이었다면, 지금부터는 하느님의 자녀이고 싶었다.

1897년 4월, 안태훈의 간청을 받아들인 빌렘 신부는 황해도 신천군 청계동에 공소를 개설했다. 열여섯 살이 되던 해 김아려와 결혼한 안중근은 천주의 진리를 깨닫고자 강습을 받고, 열심히 교리 토론도 벌였다. 복음 전파에 힘쓰는 아버지를 보고 있으면 절로 힘이 났다.

마을에 공소가 생기자 안중근도 빌렘 신부와 함께 가두선교에 나섰다. 군중들이 모인 앞에서 안중근은 신앙을 권면하는 연설을 했다.

"형제들이여! 내 말을 꼭 귀담아들어주시오. 만일 어떤 사람이 혼자만 맛있는 음식을 먹고 나누어 주지 않는다거나, 귀한 재주를 간직한 채 가르치려 하지 않는다면 과연 그것을 사람의 도리라 할 수 있겠소. 무릇 만물 가운데 사람이 가장 귀한 것은 사람만이 영혼을 가졌기 때문입니다.

혼魂에는 세 가지가 있습니다. 식물이 지닌 생혼生魂은 생명을 관장하고, 동물이 지닌 각혼覺魂은 감각을 관장하며, 우리가 잘 아는 영혼靈魂은 우주만물을 관장합니다. 하물며 사람이 영혼이 없다고 한다면 짐승과 무엇이 다르겠습니까. 그러므로 영혼은 사람이 본래 가지고 태어난 하늘의 명령이라 할 것입니다."

첫째가 꼴찌가 되고 꼴찌가 첫째가 된다는 복음서처럼 안중근의 연설은 거침이 없었다. 가는 곳마다 사람들이 모여들었다.

"그러면 천주는 누구인가? 한 집안에는 가장이 있고, 한 나라에는 임금이 있듯이, 천지 위에 계시는 분이 바로 천주이십니다. 천주는 시작도 없고 끝도 없는 삼위일체로, 세상 모든 만물을 주관하고 관장하는 분이십니다. 착한 것에 상을 주고 악한 것에 벌을 주는 것도 오직 천주만이 할 수 있습니다."

이처럼 안중근의 연설은 신앙에 대한 확신이 있었다. 그는 공자의 말을 빗대어 '하늘에 죄를 지으면 빌 데도 없다'면서 모두가 거듭나길 바랐다.

빌렘 신부와 가두선교를 하면서 한 가지 느낀 점도 있었다. 어떤 때

보면 빌렘 신부는 교인들을 억누르려는 경향이 있었다. 안중근은 그 점을 꼭 해결해보고 싶었다. 문명국가에서 파견된 빌렘 신부를 보고 있으면 부러운 마음도 들었다.

"신부님도 보셨다시피 우리나라 교인들이 학문에 어두운 편입니다. 교리를 전교하는 데도 어려움이 많고요."

"교육이라는 것이 원래 하루아침에 되는 일이 아니니 어쩌겠나."

"방법이 전혀 없는 건 아닙니다. 신부님과 함께 뮈텔 주교님을 찾아뵙는 건 어떻습니까? 서양 수사회 가운데 박학한 학자를 초빙해 대학교를 설립하는 겁니다. 그렇게만 된다면 한국의 젊은이들을 교육해 훌륭한 인재로 키울 수 있지 않겠습니까?"

"자네 생각이 그렇다면 한번 해보지."

빌렘 신부와 논의 끝에 안중근은 계획서를 작성했다. 한국의 인재 양성은 누군가 반드시 해야 할 일이었다.

학교 설립에 필요한 계획서 작성을 마친 안중근은 빌렘 신부와 서울행 기차에 올랐다. 뮈텔 주교가 시무하는 명동성당은 아버지와 인연이 깊었다. 몸을 피해 떠났던 아버지를 통해 온 가족이 천주를 믿게 된 것이다.

"그대의 구상은 좋지만 지금은 때가 아닌 것 같소. 한국인들이 학문을 갖게 된다면 오히려 천주교를 믿는 데 방해가 되지 않겠소?"

예상치 못한 뮈텔 주교의 반응에 안중근은 한 번 더 간청을 드렸다. 한국에서 활동하는 미국의 선교사들만 보더라도 계몽운동에 적극적이었다.

"거듭 말하지만, 다시는 이런 일로 날 찾아오지 마시오."

성당을 나온 안중근은 뮈텔 주교를 이해할 수 없었다. 문맹을 문명으로 바꿔보자는데 무엇이 문제란 말인가? 생각하면 할수록 화가 치밀었다. 물론 안중근이 뮈텔 주교에 대해 잘 모르는 부분이 있었다. 사실 뮈텔 주교는 한국의 초대 통감부로 부임한 이토 히로부미와 개인적 친분이 두터울 뿐 아니라, 한국이 일본의 보호를 받아야 한다는 입장을 가지고 있었다.

서울에서 돌아온 안중근은 빌렘 신부에게 배우고 있는 프랑스어 공부를 중단했다. 하루는 친구에게 이 사실을 솔직하게 털어놓았다.

"프랑스 말을 배우다가는 프랑스 놈들의 종노릇을 면치 못할 것 같아 그만두었다. 일본 말을 배우는 자는 일본의 종놈이 되고, 영어를 배우는 자는 영국의 종놈이 되지 않겠냐? 천주교의 진리는 믿을 만하지만 외국인들의 속마음은 믿을 수가 없다."

넘실거리는 물결 너머로 알퐁스 도데의《마지막 수업》이 다시 떠올랐다. 잔뜩 화가 난 안중근처럼《마지막 수업》에도 강자로부터 모국어를 빼앗긴 민족의 비애가 담겨 있다.

포시에트 항구를 물끄러미 바라보는데 단지동맹자 수가 궁금했다. '왜 하필, 열두 명이었지?' 안중근은 자서전에서 다음과 같이 밝혔다.

그가 세상에 머무르는 33년 동안 사방을 두루 다니며 신령한 행적을 많이 행하였소. 소경은 눈을 뜨고, 벙어리는 말을 하고, 귀머거리는 듣고, 앉은뱅이는 걷고, 문둥이가 낫고…… 이 소식을 듣고 따르지 않는 사람이 없었소. 그들 중에서 12인을 가려 제자를 삼고, 특히 한 사람을 뽑으

포시에트만을 바라보며 문득 안중근과 단지동맹을 떠올렸다.

니 그 이름은 베드로라. 그로써 교종을 삼아 장차 그 자리를 대신케 하고자 권한을 맡기고 규칙을 정해서 교회를 세웠던 것이오.

단지동맹자 열두 명도 예수의 열두 제자를 염두에 둔 안중근의 복안이었다. 신앙생활 외에도 안중근은 신문과 잡지, 역사책을 통해 자신의 영역을 꾸준히 넓혀갔다.

러일전쟁을 빌미로 한일의정서를 체결한 일본의 침략은 더욱 노골화되었다. 1905년 11월 9일, 일본은 이토 히로부미를 특파대사 자격으로 한국에 파견했다. 고종을 배알한 자리에서 이토는 일본 천황의 친서를 전달했는데, 을사늑약을 앞두고 벌이는 치밀한 포석이었다.

이토 히로부미의 방한 소식을 접한 안중근은 아버지와 함께 깊은 대화를 나눴다. 일본의 을사 5조약은 한반도를 뒤흔들어놓을 중대한 사건이었다.

"일본이 러시아와 전쟁을 벌일 때 선포한 글이 있습니다. 동양평화를 유지하고 한국의 독립을 굳건히 하겠다는……. 그런데 일본은 지금 전혀 다른 말을 하고 있습니다. 이는 필시 일본의 대정치가인 이토 히로부미의 정략이 아닐 수 없습니다."

안중근은 아버지 앞에서 차분한 어조로 말했다. 을사늑약의 배후로 이토 히로부미를 지목한 것이다.

1909년 10월 18일, 포시에트에 도착한 안중근은 한인동포가 운영하는 여관에서 하룻밤을 보냈다.

'우리의 원흉 이토 히로부미를 척결하지 못하면 이천만 국민에게 자결로 속죄하겠소!'

날이 밝자 안중근은 동의단지회 동지들과 맺은 피의 맹세를 가슴에 안고 우수리호에 올랐다. 블라디보스토크까지 가려면 아홉 시간 넘게 배를 타야 했다.

포시에트를 뒤로하고 빨치산스크로 향하는 길이었다. 2차선 차도로 나오자 비노그라드노예 강변이 보였다. 자동차에서 내려 길을 건넜다. 녹슨 철조망 너머로 산맥이 펼쳐졌다.

연해주는 어디서부터 어디까지를 일컫는 말일까?

만주는 중국의 동북 3성(지린·랴오닝·헤이룽장성)을, 연해주는 시베리아 동남쪽 헤이룽·우수리강·동해로 둘러싸인 러시아 지방을 일컫는다. 연해주 총 인구는 230만 명, 이 중 고려인은 4만여 명이다.

비노그라드노예 강 다리

지신허 마을 출입을 금지하는 녹슨 철조망이 있다.

조선인의 첫 이주는 1863년 겨울에 시작되었다. 삼정문란이 발생하면서 조선은 탐관오리로 들끓었다. 빈민 구제를 위한 환곡제도는 고을 수령들의 비리 온상으로 전락한 지 오래였고, 굶주린 백성들에게 되로 꾸어주고 말로 받는 일이 허다했다. 청년 안중근도 이에 대해 핏대를 세운 적 있다. 지방 관리들의 학정으로 말미암아 관리와 백성 사이가 원수처럼 되었노라고. 오죽하면 연해주로 이주한 동포들 사이에서 '카우리'라는 말이 나왔을까? 조선을 떠나온 동포들은 생지옥이나 다름없는 국명을 아예 지워버리고 싶었다. 그들은 하나같이 고구려인이나 고려인(카우리)으로 불리길 원했다.

두만강을 건너 포시에트에 도착한 조선인들은 물길을 찾아 나섰다. 벼농사를 지으려면 사람보다 물이 우선이었다. 비노그라드노예 강가에 정착한 고려인들은 비로소 안도의 한숨을 내쉬었다. 그런데 얼마 뒤, 러시아 당국에 조선 정부의 항의가 빗발쳤다. 조선인의 불법 체류를 허가해선 안 된다는 통보였다. 러시아 당국은 조선 정부의 요청에 따라 불법 체류자 색출에 나섰고, 두만강을 지키고 있던 조선 병사들은 귀환하는 자국민을 총구로 응징했다. 하지만 조선 정부도 굶주린 백성들의 월경을 더는 막지 못했다. 한 명이 죽으면 세 명이 넘어가고, 다섯 명이 죽으면 열 명이 넘어갔다. 무사히 국경을 넘은 조선인들은 몸을 피해 인적이 뜸한 지신허로 들어갔다.

연해주 군무지사 푸르겔름 제독이 지신허를 방문한 날이었다. 지금 즉시 본국으로 돌아가줄 것을 종용했지만 조선인들은 미동조차 없었다. 차라리 이곳에서 맞아 죽는 게 낫다며 끝내 귀국을 거부했다. 군사시설 보호구역으로 묶여 지신허 마을을 볼 수는 없지만, 가수 서태지가 헌정한 기념비가 세워졌다.

이곳은 연해주 핫산 지역 비노그라드노예에 있던 지신허라고 하는 옛 마을로서, 1863년 함경도 농민 13세대가 두만강을 건너와 정착한 극동 러시아 최초의 한인 마을로 현재는 옛터만 남아 있다. 그러나 1937년까지 1700여 명의 한인들이 모여 살던 매우 큰 마을이었으며, 현재 50만에 이르는 CIS(독립국가연합)지역 거주 한인들의 발원지가 되는 곳이다. 이에 우리는 이 비를 세워 한인 이주 140주년을 기념하고, 한국과 러시아의 친선우호를 돈독히 하며 우리 민족의 무궁한 발전을 기원하는 바이다.

-2004년 5월 9일 대한민국 음악인 서태지 헌정

서태지와 아이들이 부른 〈발해를 꿈꾸며〉는 고등학교 음악 교과서에 실리면서 뜨거운 반향을 일으켰다. 잊혀져가는 발해의 역사를 환기시키는 시너지 효과를 발휘했다. 발해국 동경용원부에 속한 성터가 현재 크라스키노에 남아 있다.

빨치산스크

● 세 번째 발걸음 ●

가장 따뜻했던 날들

수청강에는 한인동포들의 애환이 담겨 있다.

가을 단풍이 절정인 도로변에서 꿀과 과일, 채소를 파는 모습이 심심 찮게 보였다. 눈길을 끄는 점은 가지고 나온 농산물의 양이 많지 않다는 것이다. 일용할 양식처럼 소박해 보였다. 과일도 채소도 모두 한 끼 정도의 양이었다.

유인석, 이상설을 중심으로 '13도 의군'이 결성된 바라바쉬를 지나서였다. 들꽃을 파는 초로의 노인을 그냥 지나칠 수 없었다. 차에서 내려 가격을 묻자 '드바짜찌'라는 대답이 돌아왔다. 20루블을 지불한 후 들꽃을 받아드는데 가슴이 두근거렸다. 이래서 그런 말이 나왔던 것일까? 러시아 사람들은 빵 없이는 살 수 있어도 꽃 없이는 살 수 없다는……. 여든을 훌쩍 넘긴 러시아 할머니에게 산 들꽃 한 줌은 그 어떤 꽃보다 청초하고 향기로웠다.

꼬박 네 시간을 달려온 자동차가 빨치산스크 입구로 들어섰다. 고려인 이주를 알리는 '1896' 상징탑이 보였다. 그 길을 따라 수청강이 흐르고, 버드나무 가로수 길이 곡선을 그리듯 펼쳐졌다.

빨치산스크 입구

기선을 타고 흑룡강 상류 수천 리를 답사했다. 한국인 유지의 집을 방문한 뒤에 다시 수청水淸 등지에 이르렀다. 교육운동에 힘쓰기도 하고, 혹은 단체를 조직하기도 하면서 각 방면을 두루 다녔다.

그해(1907년) 겨울에는 수청의 촌락들을 다니며 의병 모집에 한 해를 보냈다. 혼자서 다닐 때도 있었고 엄인섭, 김기룡 등과 동행할 때도 있었다.

청나라 영토였던 빨치산스크는 세 개의 지명이 더 있다. 수청, 스찬, 파르티잔스크. 수청은 산세가 수려하고 물이 맑아 한인동포들이 부른 지명이고, 스찬은 청나라 시절 중국인들이 붙인 이름이다.

연해주 남쪽에서 북쪽으로 길게 뻗은, 시보데알린 산맥에 위치한

파르티잔스크가 빨치산스크로 지명이 바뀐 건 1972년도다. 러시아 내전이 한창일 때 험준한 산악을 의지해 싸운 빨치산 혁명가들을 기리기 위함이었다.

우지미동, 개터, 동개허, 십여촌, 고려개……. 1896년 개척 당시 불렸던 한인 마을의 지명이 정겨웠다. 또한 빨치산스크는 안중근에게도 좋은 추억으로 남아 있는 곳이다.

의병 모집과 군자금 모금을 하러 다닐 때, 빨치산스크에 거주하는 동포들이 가장 열성적이었다. 어려운 살림에도 동포들은 6000루블의 군자금을 내놓았다. 안중근 일행이 하얼빈 거사에 쓴 100루블을 생각하면 6000루블은 거액의 돈이 아닐 수 없다. 고려인 1세대를 독립운동가라고 일컫는 이유가 여기에 있다.

안중근에게 1907~1908년은 더없이 바쁜 해였다. 의병 모집에서 성과를 내지 못하면 연해주 망명은 실패로 끝날 수도 있었다. 다행히 하늘은 안중근의 손을 들어주었다. 빨치산스크에서만 백여 명의 청년들이 의병에 자원했는데, 그들을 일컬어 '수청파'라고 불렀다.

빨치산스크를 방문할 때면 뜨거운 포옹으로 안중근을 반겨주는 사람이 있었다. 연해주 의병부대에서 핵심 대원으로 활동한 조순서와 장봉금이다. 두 사람은 영산 전투에서 일본군에 패했을 때도 안중근과 생사고락을 함께한 동지였다.

《대동공보》에서 첫 인연을 맺은 우덕순과 자주 만난 곳도 빨치산스크였다.

블라디보스토크로부터 북쪽에 있는 수청에서 나는 담배 장사를 하며

니꼴라예프카 마을

지냈다. 가끔씩 수청에서 가까운 미츠카레를 찾아가 광부들에게 셔츠와 일용품을 팔기도 했다. 수청에서 블라디보스토크를 갈 때면《대동공보》 건너편에 있는 고주문 집에서 묵곤 했는데, 그때 안중근과도 알게 되었다. 서로 인사를 나눈 지는 3년쯤 되었다.

충청북도 제천에서 출생한 우덕순은 동대문시장 부근에서 잡화상을 경영했다. 1904년 블라디보스토크로 건너간 그는 이범윤, 이강, 안중근 등을 만나면서 독립운동에 뛰어들었다.

안중근과 그의 동지들이 한 시절을 보낸 마을부터 둘러보았다. 노이스키, 니꼴라예프카, 깔리노프카로 이어지는 길이다. 빨치산스크는 연해주 의병부대에 군사 물자를 지원하는 후방 기지로, 현재는 러시아 공군 기지가 들어서 있다. 새로운 사실도 발견했다. 니꼴라예프카라는 지명이 고려인 이름에서 비롯되었다는 점이다. 1896년 마을을 개척한 김공심(안중근도 잘 아는 인물이다)의 러시아 이름은 김 니꼴라이, 지금의 니꼴라예프카가 되었다.

다시 차를 몰아 깔리노프카 마을로 들어섰다. 보드를 타고 있던 러시아 학생이 다가와 인사를 했다. 이름은 피에르, 나이는 열일곱 살이라고 했다. 한국인을 처음 보는 듯 흥미로운 표정을 짓던 피에르가 데려간 곳은 제2차 세계대전 승전을 기념하는 전승비였다.

"피에르, 스바씨바."

고맙다는 인사를 하자 피에르도 수줍게 활짝 웃었다.

피에르가 두 번째 안내한 곳은 어느 고려인 집 앞이었다. 십여 년 전부터 중앙아시아로 강제 이주당한 고려인들이 연해주로 돌아오고

피에르가 안내한 고려인 집

깔리노프카 마을에 내려앉는 석양

있는데 대문은 굳게 잠긴 채였다.

"이 집은 한국에 간 지 오래됐어요."

피에르의 말에 경기도 안산에서 식당일을 하는 고려인 3세 단야가 생각났다. 카자흐스탄에서 태어난 단야는 1998년 카자흐스탄 국적을 포기하고 러시아로 귀화했다. 희망이 보이지 않는 카자흐스탄의 경제도 문제지만, 공산주의 체제가 더 큰 걸림돌로 작용했다. 시장에서 야채 장사를 하는 단야는 하루도 마음 편한 날이 없었다.

하루는 경찰이, 다음 날은 세무서에서, 그다음 날은 깡패들이 들이 닥쳐 돈을 뜯어갔다.

상점 앞 벤치에 앉아 석양을 물들이는 오렌지빛 노을을 한동안 바라보았다. 그때 어디선가 다급한 목소리가 들려왔다. 안중근은 두 번의 죽을 고비를 넘겼는데, 빨치산스크와 황해도 신천에서 지낼 때다.

"너희들은 누구냐? 어디에서 온 놈들이냐?"

친구 두 명과 함께 산골짜기를 지날 때였다. 산속에서 튀어나온 예닐곱 명의 사내들이 안중근을 에워쌌다.

"그러는 너는 정부에서 엄금하는 의병 모집을 왜 하는 것이냐?"

"방금 정부라고 했는가? 나에게 정부는 형식에 불과하다. 을사늑약 이후 한국은 이토 히로부미의 개인 정부로 변하지 않았느냐? 그런 정부에 복종을 하느니 노예로 살겠다."

하지만 놈들은 의병대장을 붙잡았다며 기세가 등등했다. 미리 준비한 밧줄로 안중근을 포박해 바닥에 쓰러뜨리더니 집단 폭행을 가했다. 안중근은 더 큰 소리로 꾸짖었다.

"네놈들이 여기서 날 죽이면 무사할 것 같으냐? 아마 지금쯤 도망친 두 친구가 동지들에게 알렸을 것이다. 하니 네놈들도 살고 싶으면 속히 몸을 피하는 게 좋을 것이다. 빨치산스크야말로 의병 조직이 가장 잘돼 있다는 걸 정녕 몰랐단 말인가? 동지들이 몰려오면 나도 그땐 어쩔 수 없다."

겁박에 가까운 안중근의 호통에 놈들도 귓속말을 주고받았다. 네가 시작한 일이니 죽이든 살리든 알아서 하라며 서로 떠넘기기 바빴다. 벌써 몇 놈은 꼬리를 뺀 채 산속으로 몸을 숨긴 뒤였다.

1904년에 설립된 '일진회'는 일본의 한반도 침략을 도운 친일단체로 유명하다. 국내 여론을 조작하고 강연회를 여는 등 친일행각을 서슴지 않았다. 안중근을 포박한 예닐곱 명도 연해주까지 손을 뻗친 일진회 잔당들이었다.

어려서부터 사냥을 즐겼던 안중근은 산과 들에서 보내는 일이 많았다. 사냥총을 둘러메고 산을 오르면 막혔던 가슴이 시원하게 뚫렸다. 난생처음 죽을 고비를 넘긴 것도 동무들과 산 정상에 다 올랐을 때다. 험한 바위틈에 핀 꽃을 발견한 안중근은 호기심이 발동했다. 동무들이 만류했지만 포기하고 싶지 않았다.

절벽을 따라 얼마쯤 내려갔을까. 탐스럽게 핀 꽃을 꺾으려다 발을 헛디딘 안중근은 그만 미끄러지고 말았다.

'아, 이젠 죽었구나!'

절벽 아래로 굴러 떨어지는 순간 안중근은 소나무를 움켜잡았다. 동무들이 칡넝쿨로 만든 밧줄을 내려주지 않았다면 죽은 목숨이나 다름없었다.

산을 내려오던 동무가 사뭇 진지한 얼굴로 안중근을 쳐다보았다.

"오늘은 너에게 꼭 물어볼 것이 있다. 너의 아버지는 진사로 이름을 떨쳤는데 어째서 너는 사냥만 하려는 것이냐?"

"물론 아버지처럼 사는 것도 중요하다. 하지만 난 다른 방법으로 한번 살아보고 싶다. 글은 이름이나 적을 수 있으면 되지 않을까?"

고집이 센 안중근은 동무의 충고에도 아랑곳하지 않고 자신이 생각한 길을 뚜벅뚜벅 걸어갔다. 열여섯 살 무렵에는 총을 들고 나가 싸웠고, 스물아홉 살이 되어서는 아내와 식솔마저 뒤로한 채 망명길에 올랐다.

해가 저무는 산악지대를 벗어나 시내로 향하는 길이었다. 빨치산스크는 김경천 때문에 더 유명해진 곳이다. 일본 육군사관학교를 졸업한 김경천은 안중근의 하얼빈 거사 소식을 도쿄에서 들었다.

'아! 위대하다. 우리도 사람이 있구나!'

1919년 일본에서 귀국한 김경천은 광복군 총사령관 지청천과 함께 서간도로 떠났다. 일본 육사 출신 장교가 신흥무관학교 교관으로 부임했다는 소식이 국내에 알려지면서 서간도는 청년들로 넘쳐났다. 학업을 중단한 학생들이 구름처럼 몰려들었다.

이천여 명의 독립군을 배출한 신흥무관학교가 경영난으로 문을 닫자, 만주에서 연해주로 망명한 김경천은 마적단 소탕에 나섰다. 가장 기뻐한 사람은 빨치산스크에 거주하는 한인동포들이었다. 일본군의 지원을 받는 중국 마적단은 한인동포들에게 가장 무서운 존재였다. 한 해 농사는 물론이고 무고한 생명까지 앗아갔다. 김경천의 '백마 탄 장군'도 그때 붙여진 이름이다. 빨치산스크 의병대를 이끈 김경천은 러시아 정부로부터 마적단을 소탕한 공로를 인정받아 고려인 지도자로 활동했다.

김경천은 안중근의 변호를 맡은 안병찬 변호사와도 잘 아는 사이다. 3·1운동 직후 만주로 망명한 안병찬은 대한독립청년단 총재로 추대되는데, 김경천도 대한독립청년단 소속이었다.

훗날 김경천은 《경천아일록》에 자신의 호소문을 남겼다.

> 우리가 이국땅에서 총을 들고 일어선 것은, 우리의 철천지원수 일본군을 격파해 조국의 독립을 앞당기기 위해서다. 극동지역(한국·중국·대만·러시아의 북동부 지역)을 점령하고 있는 일본군의 기세를 보라. 한국과 러시아 공동의 적은 오직 하나, 사무라이들이다. 우리는 단합하여 십만의 사무라이들과 싸울 수밖에 없다.

러시아 깃발이 펄럭이는 시청 광장 건너편에 낡고 오래된 건물이 보였다. 규모가 제법 큰 2층 목조 건물이었다. 길 가던 노인에게 물으니 빨치산스크에 유일하게 남은 일본인 집단 가옥이라고 했다. 건물 자체가 심하게 기울어 있고, 사람이 사는 것 같지는 않았다.

포시에트에서 들어올 때와 비교하면 블라디보스토크로 나가는 길은 한결 수월했다. 하루 두 차례 기차가 운행 중이었다.

빨치산스크 역을 출발한 기차가 도심을 벗어날 즈음, 거뭇거뭇 석탄을 쌓아둔 더미가 보였다. 광부들에게 셔츠와 일용품을 팔러 다녔다

시청 광장

일본인 거주지

빨치산스크 기차역은 정겨움이 묻어났다.

는 우덕순의 얼굴이 차창에 어른거렸다. 하얼빈 거사를 앞두고 우덕순은 안중근에게 없어서는 안 될 각별한 지기였다.

우덕순과 뤼순감옥에 수감 중일 때 안중근은 이백여 편의 유묵을 남겼다. 그중 정철의 〈사미인곡〉을 떠올리게 하는 유묵은 고종의 안위를 생각하며 쓴 시다.

나라를 걱정하여 천 리 밖에 나와

당신을 향해 바라보니 눈이 뚫어질 것 같으오

나의 이 작은 정성을 바치오니

행여나 이 정을 버리지 마소서

블라디보스토크

● 네 번째 발걸음 ●

하얼빈 거사를 기획한 《대동공보》

개척리 시절을 알리는 기념비

1907년 8월, 안중근은 빌렘 신부를 찾았다. 해외에 나가 천주교인으로 활동하려면 빌렘 신부의 도움이 필요했다.

"나는 네가 나랏일에 간섭하는 걸 원치 않는다. 지금처럼 교육에 종사하면서 순리를 따르는 교도教徒이자 국민이 되길 원한다. 그런데도 너는 나랏일에 분주한 나머지 '국가가 없이는 종교도 없다'며 나의 교지를 배반하고 있지 않느냐."

"나라가 없는데 어찌 백성이 있을 수 있겠습니까. 예수께서도 몸소 실천하는 분이 아니셨습니까."

고국을 떠나기로 결심한 안중근은 원산 본당의 브레 신부를 찾아갔다. 브레 신부도 해외로 떠나려는 안중근의 성사 요청을 받아들이지 않았다. 안중근이 정치적 선동에 가담하지 않는다는 약속을 저버렸다는 게 그 이유였다.

돌이켜보면 최근 몇 년은 안중근에게 무척 힘겨운 시간들이었다. 광산 개발 실패로 어려움을 겪었고, 학교 운영마저 난관에 부딪혔다. 이토 히로부미의 정미 7조약을 생각하면 화병이 날 지경이었다.

애국 계몽 운동을 목표로 설립한 돈의학교 교장직에서 물러난 안중근은 묵주와 축일표를 챙겼다. 몸에 성물을 지니고 있으면 마음이 평온해졌다. 아들을 떠나보내는 어머니의 말씀도 큰 위안이 되었다.

"집안일은 생각지 말고 최후까지 남자답게 싸우거라."

북간도를 거쳐 블라디보스토크에 도착한 안중근은 그때 상황을 자서전에 적어놓았다.

항구 도시 블라디보스토크에는 한인동포 사오천 명이 살고 있었다. 학교도 두어 곳 있고, 청년회도 있었다. 나는 한인청년회 임시사찰이 되었다. 하루는 허락도 없이 사사로운 이야기를 하는 사람이 있어 규칙에 따라 금지시켰다. 그러자 그는 화를 내며 내 뺨을 여러 차례 때렸다. 옆에서 지켜본 사람들이 만류하며 화해하기를 권했다. 나는 웃으면서 그 사람에게 일렀다.

"여러 사람들의 힘과 의견을 모아 만든 단체에서 이렇듯 싸움을 한다면 웃음거리가 아니겠는가. 옳고 그름을 떠나 서로 화합하는 것이 어떻소?"

청년회 모두가 좋은 일이라며 기꺼이 찬성해주었다. 하지만 그 일이 있은 후 귓병을 얻은 나는 한동안 고생을 했다.

고향에서 사서(논어, 맹자, 중용, 대학) 삼경(시경, 서경, 주역)을 공부한 안중근은 세 가지를 먼저 생각했다. 이천만 동포, 이토 히로부미, 그리고 신앙이었다. '왼쪽 뺨을 맞거든 오른쪽 뺨도 내주라'는 말이 참으로 어려운 일이나 신앙은 그걸 가능케 했다. 그것은 다름 아닌 진정한 화해를 의미했다.

한인청년회에서 한바탕 신고식을 치른 안중근은 이범윤을 방문했다. 1903년 간도 관리사로 부임한 이범윤은 러일전쟁이 발발하자, 군대를 조직해 러시아 군대에 가담한 인물이었다. 그 공로로 러시아 황제로부터 훈장을 받기도 했다.

이범윤을 독대한 자리에서 안중근은 자신의 솔직한 심정을 털어놓았다.

"각하께서는 러일전쟁 때 러시아를 도와 일본을 쳤습니다. 그것은 하늘의 뜻을 어긴 것이라 할 수 있습니다. 그때 일본은 동양평화와 한국의 독립을 세계에 선언한 후 러시아를 쳤기 때문입니다.

그러나 각하께서 다시 군대를 일으켜 일본을 친다면, 이번에는 하늘에 순응하는 일이라 할 수 있습니다. 현재 이토 히로부미의 교만과 악행은 극에 달해 있습니다. 러일전쟁에서 승리한 이토는 동양평화와 한국의 독립은 물론이고 서방 세계의 신의마저 저버렸습니다. 그야말로 하늘을 반역한 것입니다.

속담에 이르기를, '해가 뜨면 이슬이 사라지고 달도 차면 기우는 것이 세상의 이치'라고 하였습니다. 이제 각하께 한마디 여쭙고자 합니다. 황상의 성은까지 받은 각하께서 이처럼 나라가 위급한 때에 수수방관만 하신다면 옳은 일이겠습니까? 하늘이 주는 것을 받지 않는 것도 도리에 어긋난다고 보입니다. 원컨대 각하께서는 속히 군사를 일으켜 지금의 귀중한 시기를 놓치지 않으셨으면 합니다."

"자네의 말은 백 번 옳네만, 거병할 병사와 재정을 마련할 길이 없으니 난들 어쩌겠는가?"

"그렇다고 가만히 앉아서 당하기만 한다면 하늘의 뜻을 저버리는 일이 아니겠습니까? 각하께서 거병할 결심만 하신다면 부족한 저라도 힘이 되어드리겠습니다."

그러나 이범윤은 안중근의 거듭된 요청에도 결단을 내리지 못했다. 큰맘 먹고 찾아간 안중근은 맥이 탁 풀려버렸다. 간도 관리사까지 지낸 사람이 고종 황제의 퇴위 소식을 듣고도 저리 태연할 수 있는지 실망스러울 따름이었다.

블라디보스토크 중심가에 위치한 아르바트 거리는 관광객들로 넘쳐났다. 간간이 우리말도 들려왔다. 멋스럽게 차려입은 이십대 초반의 젊은이들이었다. 유럽풍 건축물이 즐비한 아르바트를 지나 포그라니치나야 거리로 접어들었다. 연해주로 이주한 한인들은 이 거리를 '개척리'라고 불렀다. 1873년 한인동포들이 최초로 거주한 개척리는 사라지고

포그라니치나야 거리(개척리)

없지만, 언덕을 지칭하는 웅덩마퇴와 둔덕마퇴는 희미하게 남아 있었다. 고갯마루에 올라서자 아무르만과 우수리만이 눈앞에 펼쳐졌다.

《해조신문》이 있던 개척리 344호는 어디쯤일까? 연해주로 망명한 안중근은 1908년 3월 21일자《해조신문》에 '긔서(寄書)'를 발표했다. 《해조신문》이 창간된 지 한 달 만이었다.

> 슬프다. 우리나라가 오늘날 이 참혹한 지경에 이른 것은 다름 아니라, 뜻이 서로 맞지 않는 불합병이 깊이 든 탓이로다. 불합병의 근원은 교오병(교만하고 건방진 병)이니 교만은 악의 뿌리라. 그러나 교오병의 약은 겸손이니, 개개인이 자신을 낮추고 타인을 존경한다면 어찌 화합을 이루지 못하리오.
> 오늘날 이천만 동포가 화합을 이루지 못한 탓에 삼천리 강산을 빼앗기고 이 지경이 되었도다. 동포들은 무슨 심정으로 자국의 내정을 정탐하여 왜적에게 주고, 충성을 다하는 동포의 머리를 베어 외적에게 바치는가. 오, 통재로다. 나무뿌리가 썩으면 나뭇가지도 병드는 법, '불합'의 두 글자를 버리고 '단합'의 두 글자를 속히 취할 때다.

투고 형식으로 발표한 '긔서'에는 안중근의 생각과 사상이 잘 드러나 있다. 안중근은 이천만 동포의 단합을 호소히면서 교만을 버려야 한다고 했다.

한국의 외교권을 박탈하는 을사늑약이 발효되자 개척리는 러시아 독립운동의 거점으로 떠올랐다. 유인석, 이상설, 최재형, 이범윤, 안창호, 이동휘, 이위종, 홍범도, 장지연, 이범진, 유진률, 이강 등 연해주 지역 주요 인사들이 블라디보스토크로 모여들었다. 한인청년회 임시사찰로 첫발을 뗀 안중근도 의협심이 강한 두 동지와 의형제를 맺었다. 엄인섭은 의병부대 좌군영장으로, 김기룡은 단지동맹 동지로 활동했다.

세 사람이 서로 인사를 나눈 뒤였다. 엄인섭이 대뜸 얼마 전에 있었던 한용운의 이야기를 들려주었다.

1907년 어느 봄날이었다. 세계여행을 하겠다며 한국을 떠난 한용운은 간담이 서늘했다. 블라디보스토크 항에 도착하는 순간 십여 명의 청년들이 주위를 에워쌌다. 연해주 한인들 사이에서 머리를 빡빡깎은 사람은 일진회 소속으로 여겨졌는데, 한용운이 그만 친일 밀정으로 몰린 것이다. 위기에 처한 한용운을 구해준 사람은 연해주 교민대표를 맡고 있는 엄인섭이었다. 함경북도 경흥 출신인 엄인섭은 최재형과 외숙부 관계였다.

만해 한용운의 웃지 못할 기행은 그뿐만이 아니다. 이번에는 서간도 신흥무관학교를 찾아가는 길이었다. 굴라재라는 고개를 넘는데 탕!탕! 탕! 총성이 울렸다. 신흥무관학교 보초병들이 쏜 총이었다. 그들에게 붙잡혀 끌려온 한용운은 다짜고짜 우당(이회영)을 불러달라며 소리를 질렀다.

두 사람의 만남은 산간 병실에서 이뤄졌다.

"만해 선생님이 아니십니까? 선생님을 미처 알아보지 못한 우리 학생들의 불찰을 너그러이 용서하시기 바랍니다."

이회영은 부상당한 몸으로 병실에 누워 있는 한용운을 깍듯이 대했다. 나이는 비록 열두 살 아래지만 뼛속까지 항일정신이 투철한 스님이었다.

"아닙니다, 우당 선생님. 신흥무관학교 학생들의 빈틈없는 무장정신을 목격한 것만으로도 제 마음이 든든해집니다."

망국의 한을 달래보려 서간도 땅을 찾아온 한용운은 한사코 만주에 머물기를 원했다. 하지만 이회영은 다른 생각을 하고 있었다. 국내에 꼭 필요한 사람은 승려 신분을 가진 한용운이었다.

"만해 선생님께 부탁드릴 것이 있습니다. 선생님께서는 한국으로 돌아가 독립운동가들의 마지막 길을 맡아주셨으면 합니다. 그 일을 할 수 있는 분은 선생님밖에 없습니다."

이회영은 한국으로 돌아갈 여비를 내밀며 정중히 부탁했다. 그러자 한용운도 흔쾌히 받아들였다.

우당 이회영의 선견지명은 곧 현실로 나타났다. 서대문형무소에서 옥사한 김동삼의 시신을 일제가 내놓지 않는다는 소식에 한용운은 한달음에 달려갔다. 서로군정서 참모장을 지낸 김동삼의 장례는 한용운이 만년을 보낸 심우장에서 조촐하게 치러졌다. 이십여 명이 참여한 장례에 아버지를 따라온 열일곱 살 소년, 조지훈 시인도 보였다.

《해조신문》의 뒤를 이어 창간한 《대동공보》를 찾아 나섰다. 1908년 개척리 600번지에 주소를 둔 《대동공보》는 안중근의 하얼빈 거사를 기획한 곳이다.

1909년 10월 19일, 크라스키노를 떠나 블라디보스토크에 도착한 안중근은 심상찮은 기류를 느꼈다. 만나는 사람마다 이토 히로부미를 처단할 절호의 기회라며 흥분을 감추지 못했다.

"안 동지도 이토 소식을 듣고 달려오는 길인가?"

《대동공보》에서 일하는 김만식이었다. 전보를 받고 달려온 안중근은 일부러 너스레를 떨었다.

"난 관심 없네. 그깟 이토 하나 죽인다고 해결될 일인가. 실없는 소리하려면 신문에 중매 광고나 좀 내주게. 나폴레옹 부인처럼 부잣집 딸이거나 잔 다르크 같은 여성이면 좋겠네."

하지만 안중근은 재판 과정에서 전혀 다른 모습을 보였다. 이토 히로부미가 하얼빈에 온다는 소식을 전해 들은 안중근은 기뻐 견딜 수가 없었으며, 동지들에게 기회를 뺏길까 봐 가슴이 조마조마했었다고 밝혔다.

《대동공보》 편집국장을 지낸 이강은 왜 하고많은 사람들 중에 이토의 저격수로 안중근을 낙점한 걸까? 샌프란시스코에서 안창호를 만나 독립운동에 뛰어든 이강은 안중근을 오랫동안 지켜본 인물이었다.

《대동공보》에서 주필로 일을 보고 있을 때였다. 한 청년이 신문사로 찾아왔는데 고상한 인품과 빛나는 눈에서 비범한 인상을 받았다. 그 청년이야말로 큰 뜻을 품고 시베리아 눈보라 치는 러시아 땅으로 뛰쳐온 29세의 안중근이었다. 나이가 비슷한 우린 서로 손을 맞잡은 채 내 방으로 들어가 밤을 밝히지 않을 수가 없었다. 안중근은 블라디보스토크에서 3년을 머무는 동안 국권회복운동에 능동적으로 활동을 펼쳤으며, 특히 그의 사격술은 사방 누구나 아는 바였다.

어느 소설가도 이강처럼 비슷한 말을 했었다. 안중근의 눈빛에서 사랑과 평화를 갈망하는 염원을 읽었노라고. 그윽하고도 슬픈, 그러면서도 따뜻한 안중근의 눈빛은 끝없이 기도하면서 자기를 희생함으로써 모든 것을 대속하려는 구도자의 그것과 닮아 있었다.

안중근을 애타게 기다리고 있던 우덕순은 손에 든 신문을 펼쳐 보였다. 이토 히로부미의 하얼빈 방문을 알리는 기사였다. 안중근은 한바탕 크게 웃었다.

"어떻게 하겠는가?"

"가야지."

"어디로?"

"어디긴 어딘가. 하얼빈으로 가야지."

그날 밤 우덕순은 《대동공보》 발행인 유진률을 만나 권총 두 자루와 하얼빈으로 떠날 경비를 부탁했다.

《대동공보》가 있던 포그라니치나야(개척리)에서 북쪽으로 반시간쯤 걸었을까. 아파트가 들어선 언덕길이 나타났다.

1911년 봄, 개척리에 터를 잡고 살던 한인들은 정든 마을을 떠나야 했다. 러시아 당국이 콜레라를 근절한다며 철거 명령을 내린 것이다. 짐을 꾸려 옮겨 간 곳은 하바롭스크 거리로 지명이 바뀐 신한촌이었다.

민족의 최고 가치는 자주와 독립이다. 이를 수호하기 위한 투쟁은 민족적 성전이며 청사에 빛난다. 신한촌은 그 성전의 요람으로 선열들의 얼과 넋이 깃들고, 한민족의 피와 땀이 어려 있는 곳이다. 1910년 일본에 의하여 국권이 침탈당하자 국내외 지사들은 신한촌에 결집하여 국권회복을 위해 필사의 결의를 다졌다. 성명회와 권업회 결성, 한민학교 설립,

하바롭스크(신한촌) 거리

신한촌 기념비

신문 발간, 13도 의군 창설 등으로 민족의 역량을 배양하고 1919년에
는 망명정부(대한국민회의)를 수립하여 대일항쟁의 의지를 불태웠다.
그러나 한민족은 1937년 불행하게도 중앙아시아에 흩어지게 되고 신
한촌은 폐허가 되었다. 이에 해외 한민족연구소는 3·1독립선언 80주년
을 맞아 선열들의 숭고한 넋을 기리고 러시아와 중앙아시아 고려인들
의 마음의 상처를 위로하며, 후손들에게 역사 인식을 일깨워주기 위하
여 이 기념탑을 세운다.

1999년 8월 15일 해외한민족연구소가 건립한 신한촌 기념비는
첫 문장에서 콧날이 시큰했다.
'민족의 최고 가치는 자주와 독립이다.'
3.5미터 높이의 대리석 기둥 세 개와 여덟 개의 작은 돌에 대해서
는 관리인 이 베체슬라브 씨가 설명해주었다.
"세 개의 기둥은 남과 북, 해외동포를 상징합니다. 그리고 여덟 개
의 돌은 한반도의 팔도가 담겼지요. 분단의 비극만 사라지면 신한촌
기념비의 염원도 날개를 펼쳐 훨훨 날아다니지 않겠습니까?"
고려인 3세 이 베체슬라브 씨는 변한 게 없었다. 그와 헤어지면서
안중근을 닮았다고 하자 멋쩍게 웃어 보였다. 신한촌을 다녀가는 한국
인들마다 똑같은 소리를 한다면서.
해묵은 가로수가 줄지어 늘어선 산책로를 따라 신한촌 옛길을 거
닐었다. 스탈린 시절에 지은 아파트들이 빼곡히 들어차 있다. 국내에
서는 감히 엄두도 못 낸 안중근 이야기를 10회에 걸쳐 연재한《권업신
문》이 생각났다. 1912년 블라디보스토크에서 창간된《권업신문》주

이동휘 집터에 들어선 상가 건물

기찻길 언저리에 남아 있는 '서울 거리' 명판

필은 신채호가 맡았으며, '만고 의사 안중근전'을 집필한 사람은 역사학자 계봉우였다. 카자흐스탄에 묻힌 그의 유해가 2019년 4월, 63년 만에 국내로 봉환되었다.

하느님께서 가시밭길 가운데서 이스라엘 민족의 인도자 모세를 택하듯, 다마섹에서 외방 사람의 구원자 보라를 부르듯, 공(안중근)이 열일곱 살에 천주교에 들어가 을사늑약이 됨에 국권을 회복하기 위하여 몸을 희생에 바침은 평등주의니라. 공은 항상 학문으로 입신하는 선비들을 못마땅히 여겼으며, 동지들을 모아 조련시키며 총포탄은 집과 밭을 팔아 준비해두었다.

하바롭스크 거리는 정겹고 쓸쓸했다. 3·1운동을 기리기 위해 세운 신한촌 독립문 터는 가로수 숲으로 변했고, 상하이 임시정부로 떠나기 전 묵었던 이동휘 집터에는 상가 건물이 들어섰다. 바닷가 옆 기찻길 언저리에서 만난 '세울스카야(서울 거리) 2A' 명판이 반가웠다. 블라디보스토크에 남은 연해주 독립운동의 유일한 흔적이랄까. 고려인 강제 이주가 벌어졌던 뻬르바야레치카 역과 고려인 시장도 멀지 않은 곳에 있었다.

국내에서는 잘 보이지 않던 일본의 만행이 오히려 만주와 연해주에서 더 잘 보일 때가 있다. 오케얀 거리 7번지에 남은 일본 영사관 건물이 그러했다. 청산리 전투에서 패한 앙갚음으로 저지른 간도 양민학살, 중국인을 대상으로 강간과 학살을 자행한 난징대학살, 하얼빈 731부대에서 벌어진 생체실험, 고려인 강제 이주 때 숙청당한 연해주 독

블라디보스토크 기차역

블라디보스토크 역 대합실

립운동가들……. 해외에 남아 있는 일제의 잔재를 보면 우리가 왜 그들을 전범국이라 불러야 하는지 더욱 명료해진다. 여전히 피비린내가 묻어난다.

상아색으로 단장한 블라디보스토크 역 대합실은 미술관에 들어온 것 같은 느낌을 주었다. 해양을 상징하는 실내 벽화가 19세기를 배경으로 천장까지 이어졌다. 우수리스크행 기차표를 예매한 후 대합실 의자에 몸을 기댔다. 시베리아 횡단철도 동쪽 종착지인 블라디보스토크 역은 여러 생각들을 불러일으켰다. 헤이그 밀사 일행도 이곳에서 기차를 타고 네덜란드로 향했던 것이다.

1909년 10월 21일, 블라디보스토크 역에는 네 명의 얼굴이 보였다. 안중근과 우덕순, 유진률과 이강이었다. 안중근은 총과 여비를 마련해준 이강의 손을 굳게 잡았다.

"이번 길에 꼭 총소리를 내리다. 이(강) 동지는 우리의 뒷일을 맡아주시오."

"염려치 마시오. 지금 삼천리 강산을 두 동지가 등에 지고 가오."

작별 인사를 마친 안중근과 우덕순은 오전 8시 55분에 출발하는 하얼빈행 우편열차에 몸을 실었다. 돌아와서도 안 되고, 실패해서도 안되는 길이었다.

차창에 기대어 눈을 감은 안중근은 짤막한 시를 읊조렸다.

바람은 쓸쓸하고 역수의 물 차가운데
장사는 한 번 가면 다시 돌아오지 않는다.

스스로에게 다짐하듯 안중근은 〈역수송별〉이라는 연나라 시편을 몇 번이고 되뇌었다. '지금 두 동지가 삼천리 강산을 등에 지고 간다'는 이강의 말이 심장을 강하게 찔렀다.

세찬 바람에 아무르만이 넘실거렸다. 저 바다처럼 우리도 마음껏 자유롭고, 평화로울 수는 없는 걸까? 연해주에서 보낸 3년이 바람결에 스쳐 갔다. 공교롭게도 '10'이라는 숫자가 겹쳤다. 국권회복을 위해 블라디보스토크에 도착한 날도 10월이었고, 하얼빈으로 떠나는 날도 10월이었다.

고향을 떠나오던 날 안중근은 두 동생에게 이런 말을 했었다.

"지금은 자기 몸이나 건사하고 있을 때가 아니다. 몇 해 전부터 나는 집을 떠나 나랏일에 평생을 바치기로 마음먹었다. 일을 꾀하는 것이야 사람에게 달렸지만, 그 일을 이루시는 분은 하늘에 계시지 않더냐. 그러니 너희들도 마음을 비우고 몸을 낮춰 상대를 존중하길 바란다."

돌아가신 아버지를 비롯해 가족들 얼굴이 한 사람 한 사람 차창에 박혀왔다. 안중근은 속으로 자신의 빈자리가 너무 크지 않길 바랐다.

블라디보스토크에서 하얼빈까지는 780킬로미터.

국경이 가까워오면 위험할 수도 있다는 생각에 안중근은 우덕순과 미리 의견을 나눴다.

첫째, 이토 히로부미를 반드시 쏠 것.

둘째, 달아나지 말고 총을 내던진 다음 '코레야 우라(대한 독립 만세)'를 크게 외칠 것.

셋째, 산 채로 잡혀 우리의 억울함과 정당성을 세계에 알릴 것.

"쑤이펀허 세관에서 물으면 나는 가족을 만나러 가는 길이라고 하겠네. 우 동지는 신문사 일로 출장을 간다고 입막음하게나."

"알겠네."

짤막하게 밀의를 마친 안중근은 그만 웃음이 나왔다. 국내 진공작전 때 우덕순은 이미 죽은 사람이나 다름없었다.

일본군 포로를 돌려보낸 일로 대원들이 엄인섭의 부대를 따라 썰물처럼 빠져나간 뒤였다. 애꿎은 하늘만 쳐다보고 있던 우덕순이 입을 열었다.

"죽으려면 차라리 일본군 총에 맞아 죽세. 여기서 굶어 죽는 것보다 낫지 않겠는가? 나한테 러시아 돈 1루블과 금시계가 있으니 잠깐만 기

우수리스크행 기차가 출발을 기다리고 있다.

다리게. 이걸 팔아서 먹을 것과 입을 것, 신을 것을 사 오겠네."

그러나 산을 내려간 우덕순은 감감소식이었다. 벌써 사흘째 소식이 없자 안중근은 남은 대원들을 이끌고 퇴각을 서둘렀다. 이대로 산속에서 지체했다간 전멸당할 수도 있었다.

그 시각 우덕순은 일본군 수비대에 붙잡혀 함흥 헌병대로 넘겨졌다.

'아, 내 인생도 여기서 끝이구나!'

일본군 헌병대에 끌려가면 살아서 돌아오지 못한다는 걸 잘 알고 있었다.

갖은 고문 끝에 감옥을 탈출한 우덕순은 국경을 넘어 블라디보스토크로 향했다.

"죽었다는 자네가 어찌 된 일인가? 우리는 벌써 자네의 추도식까지

고려인의 한이 서린 라즈돌리노예 기차역

다 마쳤단 말일세."

"아무려면 내가 맥없이 죽을 것 같은가. 왜놈 하나쯤 죽이고 죽어야지."

다섯 달 만에 돌아온 우덕순을 바라보며 안중근은 껄껄 웃었다. 어딘가 모르게 어설퍼 보이면서도 강한 심지를 가진 사람이 바로 우덕순이었다. 그는 한번 맺은 인연을 제 몸같이 여겼다.

백 년 전 두 사람이 걸어간 길을 따라 우수리스크행 기차에 올랐다. 세 명씩 앉아가는 완행열차 어디에도 동양인은 보이지 않았다. 칠팔십년대의 풍경처럼 잊을 만하면 잡상인이 다녀갔다. 양 어깨에 여성용 타이즈와 양말을 걸쳐 멘 육십대 초반의 러시아 남성이 객실을 훑고 지나더니, 곧이어 아이스크림을 파는 아주머니가 나타났다. 하늘색 아이스박스를 머리에 인 모습이 새로웠다.

옆에 앉은 할머니가 눈짓으로 차창 밖을 가리켰다. 라즈돌리노예 역이었다. 아마도 할머니는 라즈돌리노예 역에서 내리는 동양인을 본 모양이었다. 지난해 봄 라즈돌리노예 역을 찾았을 때는 비가 내리고 있었다. 밖에서 보는 것과 다르게 라즈돌리노예 역 대합실은 청결하고 앙증맞았다. 매표 창구 전체가 노트북 크기만 했다.

라즈돌리노예 역은 고려인들에게 한이 서린 곳이다. 1937년 9월 스탈린 정권에 의해 이루어진 강제 이주는 군사 작전을 방불케 했다. 17만 1781명을 태운 124대의 수송 열차는 시베리아 벌판을 가로질러 중앙아시아로 향했다.

"아무것도 챙길 수가 없었소. 달랑 몸뚱이뿐이었소. 중무장한 소련

군들이 한밤중에 들이닥쳐 총부리를 겨누는데 살림살이가 어딨겠소. 이 모든 것이 왜놈들 머릿속에서 나온 치밀한 계산 때문이었소. 러일 전쟁에서 승리한 왜놈들이 소련 정부에 압력을 가하는데 스탈린이라고 배겨낼 수 있겠소. 우린 그렇게 6000킬로미터를 한 달 넘게 달려 중앙아시아 벌판에 버려진 것이오."

고려인 3세 라지크 씨가 빠트린 부분도 있었다. 일본만큼이나 러시아 정부도 내심 고려인 추방을 반겼다는 점이다. 고려인을 중앙아시아로 내쫓을 수만 있다면 두 가지 계획은 분명해 보였다. 황무지 개발과 군량미였다. 실제로 스탈린 정부는 고려인들이 수확한 곡식을 러시아 혁명군 군량미로 사용했다.

객실을 오가는 잡상인에게 개당 10루블 하는 팔찌를 세 개 샀다. 여섯 명의 사제와 여섯 명의 성녀를 칠보로 입힌 자석팔찌였다. 그중 하나를 라즈돌리노예 역을 눈짓으로 알려준 러시아 할머니에게 선물했다. 남은 두 개는 십자가를 등에 지고 떠나는 안중근과 우덕순 팔목에 채워주고 싶었다. 건투를 비는 마음으로!

우수리스크

● 다섯 번째 발걸음 ●

페치카 최재형과 보재 이상설

우수리스크 기차역

안중근과 우덕순이 탄 기차는 오후 3시 6분 우수리스크 역에서 30분 간 정차했다. 기차에서 내린 안중근은 이등차표를 구입했다. 몇 차례 쑤이펀허를 다녀온 그로서는 국경 세관이 마음에 걸렸다. 이등차표를 소지한 승객은 까다로운 세관 검사를 피할 수도 있었다.

> "내가 가장 존경하는 분은 이상설이다. 이범윤 같은 의병장 1만이 모여 도 이 한 분에 미치지 못한다."

안중근이 뤼순감옥에서 남긴 말이다. 레닌 동상이 서 있는 우수리 스크 역에 내려 택시를 잡아탔다. 안중근이 가장 존경했던 이상설부터 만나야 할 것 같았다.

충청북도 진천에서 출생한 이상설은 스물다섯 살의 나이로 과거에 급제한 촉망받는 청년이었다. 그의 비운은 을사늑약과 함께 시작되었 다. 이토 히로부미를 앞세운 일본 군대는 대한제국 궁궐을 포위한 뒤, 을사늑약에 반대하는 대신들을 추방하거나 감금해버렸다. 한 나라의 관료로서 일본을 막지 못했다는 자책감에 이상설은 을사늑약 파기를

레닌 동상

위한 상소를 올렸다. 그러나 총칼로 밀어붙이는 일제의 만행을 막아내기엔 역부족이었다. 다섯 번의 상소 끝에 이상설은 만주로 떠나버렸다.

1906년 이상설은 북간도 용정에서 가장 큰 한옥을 매입해 '서전서숙'이라는 근대식 학교를 세웠다. 정규 수업 과목으로 수학, 역사, 정치학, 국제법, 헌법 등이 채택되었다. 투철한 항일정신과 독립사상을 고취하려면 보다 폭넓은 신학문 교육이 필요했다. 이상설은 한국 근대 수학의 아버지로 불릴 만큼 신문학에 밝은 학자 출신이었다.

그 무렵 고종은 미국 정부에 호소문을 보냈다. 그러나 기대했던 소식은 들려오지 않았다. 구원의 손길을 보내온 사람은 러시아 황제 니콜라스 2세. 네덜란드의 수도 헤이그에서 만국평화회의가 열린다는 소식에 고종은 이준, 이상설, 이위종을 대한제국 밀사로 파견했다. 세계 40

여 개 나라에서 200여 명의 대표들이 참석하는 대규모 행사였다.

고종으로부터 특명을 받은 이상설은 블라디보스토크로 떠났다. 러시아에 귀화해 살고 있는 이위종과 상트페테르부르크에서 합류해 헤이그로 들어갈 계획이었다. 이상설의 방문 소식이 전해지자 연해주 한인 사회도 덩달아 술렁였다. 안창호와 함께 서전서숙을 방문한 적 있는 안중근도 반갑게 악수를 나누었다.

"늠름한 기개를 보니 안 동지는 여전하군요."

"과찬의 말씀이십니다."

서전서숙에서 처음 봤을 때처럼 이상설은 단합을 말로 하지 않았다. 그가 등장하는 곳마다 단합은 이미 완성되어 있었다. 안중근은 이상설의 그런 부분이 부럽고, 우러러보였다. 그는 끊임없이 몸을 던져 싸우는 학자요, 백성들에게 먼저 용서를 구할 줄 아는 낮은 자세의 실천가였다.

상하이를 찾았을 때 안중근은 르각 신부로부터 몇 가지 가르침을 받았다. 교육 발달과 시민사회 확장, 민심 단합과 실력 양성이었다. 안창호와 서전서숙을 방문한 것도 이상설의 문하생이 되고 싶어서였다.

고종의 특명을 받은 이상설이 헤이그로 떠나는 날이었다. 안중근은 멈췄던 심장이 다시 뛰었다.

'진정한 양반이란 나라기 위태로울 때 자신의 몸을 초개처럼 바칠 줄 알아야 하네.'

이보다 더 큰 울림이 또 있을까! 바람처럼 다녀갔을 뿐인데 이상설의 흔적은 큰 힘이 되었다. 연해주 독립운동의 두 거장인 이범윤과 최재형도 한동안 숨을 죽였다.

만국평화회의에 참석하려던 특사단의 노력은 그 뜻을 이루지 못한 채 막을 내렸다. 화병으로 병사한 이준을 헤이그 공원묘지에 안장한 이상설은 순방길에 올랐다. 대한제국 밀사로서 맡은 바 소임을 다하고자 함이었다. 영국, 프랑스, 독일, 미국 등 구미 각지를 돌며 일제의 침략상을 폭로하고, 한반도 독립에 협조해줄 것을 호소했다.

헤이그 밀사 소식이 국내에 알려지면서 이상설은 사형수의 몸이 되고 말았다. 군대를 동원한 일본이 헤이그 특사 사건을 구실로 고종을 강제 퇴위시키자, 뒤이어 즉위한 순종은 피고인도 없는 궐석재판을 열어 이상설에게 사형을 언도했다. 구미 순방을 마치고 블라디보스토크로 돌아온 이상설은 '성명회'와 '권업회'를 결성하는 등 본격적인 항일운동에 나섰다. 연해주 한인 사회는 이상설을 '큰사람'으로 여겼다.

택시가 도착한 곳은 우쩨스노예 마을 인근 쑤이펀 강변. 그곳에 '돌아오지 못한 헤이그 밀사' 이상설이 잠들어 있었다.

> 꿈을 이루지 못하고 죽으니 외로운 혼인들 어찌 조국으로 돌아갈 수 있으랴. 내 모든 것을 불태우고 남은 재마저 바다에 날려라. 나라를 잃었는데 어느 곳 어느 흙에 누를 끼치랴. 다만 동지들은 힘을 합쳐 기필코 조국광복을 이룩하라.

1917년 3월 2일, 우수리스크 대년병원에서 자신의 임종을 지켜본 이동휘, 이회영 등 동지들에게 남긴 이상설의 유언이다. 안중근이 그토록 숭모한 이상설의 유해는 쑤이펀 강에 뿌려졌고, 그를 기리는 추모비

쑤이펀 강변

가 우수리스크에 세워졌다. 발해국 5경 15부 중 솔빈부가 있던 자리다.

조선의 마지막 과거 급제자로 성균관 관장을 지낸 이상설은 연해주를 일컬어 '바람의 땅'이라고 했다.

'나는 바람을 따라 울었고, 바람을 따라 길을 나섰고, 바람을 따라 다시 일어섰다.'

48세를 일기로 눈을 감은 보재 이상설의 전언은 결코 틀리지 않았다. 연해주는 가는 곳마다 일렁이는 파도처럼 바람이 불었다.

쑤이펀 강변에 잠든 이상설 추모비에 헌화한 뒤, 보로다르스카야 38번지로 향했다. 유럽식 단층 건물은 크라스키노에서 안중근과 이웃하며 지낸 최재형의 집이다. 연해주 독립운동의 대부로 주목받았던 그

이상설 추모비

최재형이 마지막으로 머물렀던 거처

의 마지막 거처가 왠지 쓸쓸해 보였다. 안중근에 따르면 크라스키노 지역에 거주하는 한인들 집에 최재형 사진이 걸렸었다고 했다. 연해주로 이주한 한인동포들에게 최재형은 그만큼 절대적인 존재였다.

하얼빈 거사 직후 일본 검찰은 이토 히로부미의 암살 배후를 밝히고자 안중근을 집중 추궁했다. 그들이 주목한 인물은 최재형이었다.

검찰: 그대는 하숙비가 없어 크라스키노에 있는 최재형의 집에 얹혀산 적 있는가?

안중근: 최재형 집에 머문 적도 없고, 또 그에 대해 아는 것도 없다.

검찰: 최재형이라는 자는 상당한 자산가이고, 러시아 관헌으로부터 블라디보스토크 방면의 한인들을 단속하라는 명을 받아 잘 돌봐주었다. 모두가 최 도헌(지방검찰총장)이라고 경칭하여 부른 자가 아닌가?

안중근: 그건 알고 있다. 최재형은 러시아령에서 40년 동안 관리로 임명되어 도헌이라 불린다. 그는 한인뿐 아니라 러시아인도 단속하고 있다.

검찰: 최재형은 배일사상이 강한 인물로《대동공보》등에 매월 150루블 정도의 돈을 내고 있지 않은가?

안중근: 한국인이나 러시아 사람들에게 배일사상이 있는 것은 당연하다. 그렇지만 최재형이《대동공보》에 매월 돈을 내고 있는지는 잘 모른다.

검찰: 최재형 집에 간 적은 있는가?

안중근: 그를 알고는 있지만 나와 의견이 다르고, 대단한 부자로 러시아에 귀화했기 때문에 서로 왕래하지는 않았다.

검찰: 의병부대 총지휘관은 누구이며 어디 있는가?

안중근: 총지휘관은 김두성이지만 지금 어디 있는지 모른다.

검찰: 결국 이토의 저격을 혼자서 결행했단 말인가?

안중근: 그렇다.

검찰 신문에 안중근은 끝까지 모르쇠로 일관했다. 최재형마저 체포된다면 연해주 독립운동은 구심점을 잃을 수도 있었다. 그뿐만 아니라 독립운동에 들어가는 돈이 만만치 않았다.

안중근과 최재형, 두 사람의 관계는 올가(최재형의 딸)가 쓴《나의 삶》에서 밝혀졌다.

나의 아버지는 연해주 한인들의 민족해방운동을 지휘하셨으며, 빨치산과 민족혁명가들과도 인연을 맺고 계셨다. 그중 한 분은 우리 집에서 잠깐 사셨다. 이름은 안응칠이었다. 그분은 테러 행위를 준비하셨고, 벽에 세 명의 사람을 그려놓고 사격 연습을 하셨다. 얼마 안 있어 그분은 하얼빈으로 가셨는데 한 일본인 사령관(이토 히로부미)을 살해하고 총살을 당하셨다. 그분은 부인과 자식들을 남겨놓으셨다.

함경북도 경원에서 태어난 최재형은 매우 불우한 환경에서 자랐다. 아버지는 노비, 어머니는 기생 출신이었다. 그의 나이 아홉 살이 되던 해 최재형은 배고픔을 견디지 못해 국경을 넘었다. 고아나 다름없는 이국의 소년을 아들처럼 돌봐준 사람은 러시아인 선장 표트르 시묘노비치였다. 선장 부부의 도움으로 세계를 여행한 최재형은 마침내 연해주 거부로 거듭날 수 있었다.

풍운아로 살아온 최재형은 안중근과도 인연이 깊다. 뤼순감옥에

간힌 안중근을 위해 러시아 변호사를 선임한 사람도, 안중근의 가족을 크라스키노로 이주시킨 사람도 최재형이었다. '안중근 유족 구제회'를 결성한 최재형은 일제의 검거를 피해 떠나온 안중근 가족을 성심껏 보살펴주었다. 연해주 독립운동가들 사이에서 최재형은 페치카(벽난로)로 불렸으며, 그가 설립한 한인 학교만 이십여 곳이 넘었다.

연해주 고려인들은 지금도 한식날을 큰 명절처럼 여긴다. 제주도 4·3처럼 태어난 날은 서로 다르지만, 사망한 날이 같기 때문이다. 1920년 4월 5일 러시아 내전이 막바지에 달할 무렵이었다. 블라디보스토크에 진출한 일본군은 고려인들을 닥치는 대로 학살했다. 우수리스크에 머물던 최재형도 그때 변을 당했다.

> 아버지에게 빨치산부대로 도망가라고 했을 때 말씀하셨어요. 내가 도망치면 너희 모두 일본군에 끌려가 고문을 당할 것이라고. 다음 날 새벽, 열린 창문으로 일본군에 끌려가는 아버지의 뒷모습이 보였어요.

올가의 회상처럼 최재형은 4월 참변을 얼마든 피할 수 있었다. 하지만 그는 남은 가족들을 위해 묵묵히 죽음을 선택했다. 우수리스크 4월 참변 추도비에 '1920년 4월 4일~5일까지 연해주에서 있었던 일본군의 학살로 240여 명이 산화했다'고 기록되어 있다.

> 연해주는 한민족에게 기억의 뿌리이자 약속의 땅이었습니다. 또한 우리 역사의 질곡과 함께하며 강인한 희원을 피워 올린 생명의 땅이었습니다. 국경 너머로 희망의 씨앗을 옮겨와 심었고, 빼앗긴 조국을 향해 '다

우수리스크 4월 참변 추도비

우수리스크 고려인문화센터

시 국경 너머 꺾이지 않는 저항의 씨앗을 실어 보냈습니다. 이 땅에서 우리는 고난과 절망을 딛고 곳곳에 싹을 틔운 씨앗들을 만날 것입니다.

우수리스크 고려인문화센터에서 우연히 발견한 홍보물을 집어 들었다. 고려인문화센터를 알리는 안내문구가 한 편의 서사처럼 다가왔다. 전시실에 마련된 KOREAN VOCAL MUSIC 〈문경새재 아리랑〉을 영어로 따라 불렀다.

A-ra-rung a-ra-rung a-ra-ri--o···· a-ra-rung
ol--sa pai ddi-o-ra. mun-gyung sai-chai pak-tata-n
mu······hong do-kai pang-maing i ta-na-kan-da

잠시 보따리를 풀고 사는 곳이 새로운 고향이었던 고려인들은 애국가를 잘 모른다. 그러나 아리랑을 모르는 사람은 없다. 해외에서 부르는 아리랑은 애국가보다 더 간절한 어머니요, 두고 온 고향이요, 외로움과 슬픔을 풀어내는 위안의 노래인 것이다. 함경도가 고향인 동포는 함경도 아리랑을, 경상도가 고향인 동포는 경상도 아리랑을, 전라도가 고향인 동포는 전라도 아리랑을 부른다.

고려인 강제 이주사를 영상 모니터로 관람한 후 밖으로 나오자 배꼽 높이 크기의 비碑가 보였다. '민족 영웅 안중근 의사'를 기리는 기념비였다. 크라스키노에서 본 단지동맹 기념비가 우수리스크로 이어지는 것 같아 반가움이 컸다. 안중근이 숭모한 이상설과 든든한 후원자였던 최재형을 우수리스크에서 만난 것도 커다란 선물처럼 여겨졌다.

안중근 의사 기념비

고려사범전문학교

소왕령, 쌍성자, 니콜리스크로 불린 우수리스크는 안중근 가족이 살았던 곳이다. 안중근 사망 후 크라스키노, 무링(중국)을 거쳐 우수리스크로 이주한 가족은 잡화상을 운영했다. 미국에 머무는 안창호의 도움이 컸다. 안창호가 보내준 자금을 바탕으로 안중근의 두 동생은 우수리스크 최초로 벼농사에 성공해 200석의 수확을 올렸다. 이후 두 동생은 대규모 농장을 개설해 독립운동 기지 건설에 필요한 재원 마련에 힘을 쏟았다. 1920년 1월 30일자 《독립신문》은 안중근의 어머니 조성녀에 대해서도 노고의 말을 아끼지 않았다.

'안중근 의사의 모친은 해외에 온 이래 거의 쉬는 날이 없었다. 동쪽으로는 블라디보스토크, 서쪽으로는 바이칼 호수에 이르기까지 동포들을 각성시키는 독립운동에 종사했다.'

역사는 때로 강물의 걸음걸이로 흐른다 했던가. 안중근 기념비에 가족들 소식을 전한 뒤 찾아간 곳은 아게에바 거리에 있는 고려사범전문학교였다. 1917년 러시아 한족중앙총회에서 설립한 고려사범전문학교는 조명희 작가가 재직한 곳이다.

이상설과 고향이 같은 조명희는 3·1운동 때 투옥되었다가 러시아로 망명했다. 1927년 《조선지광》에 〈낙동강〉을 발표한 조명희는 줄곧 시베리아 땅에서 집필 활동을 펼쳤다. 그의 대표작 〈낙동강〉에 독립운동에 참여해 옥고를 치른 주인공이 만주로 망명하는 장면이 그려졌는데, 일제강점기 민족해방과 계급운동을 담고 있다.

고려인 문학의 아버지로 불리는 조명희는 1938년 스탈린 정부의

탄압정책으로 하바롭스크에서 생을 마감했다. 그의 기념비는 블라디
보스토크에 세워졌다.

일본 제국주의의 무지한 발이
고려의 땅을 짓밟은 지도 벌써 오래이다.
그놈들은 군대와 경찰과 법률과 감옥으로
온 고려의 땅을 얽어놓았다.
칭칭 얽어놓았다, 온 고려 대중의 입을 눈을 귀를 손과 발을.
그리고 놈들은 공장과 상점과 광산과 토지를 모조리 삼키며
노예와 노예의 떼를 몰아 채찍질 아래에 피와 살을 사정없이 긁어 먹
는다.
보라! 농촌에는 땅을 잃고 밥을 잃은 무리가
북으로 북으로, 남으로 남으로, 나날이 쫓기어가지 않는가.
-조명희, 〈짓밟힌 고려인〉

포그라니치니

● 여섯 번째 발걸음 ●

러시아 국경역

포그라니치니 이정표

안중근 일행이 하얼빈으로 떠난 길은 우수리스크에서 막히고 말았다. 백 년 전 철길엔 화물열차만 운행 중이었다. 러시아 국경으로 차를 몰았다. 포그라니치니 국경 마을에서 기차를 타면 중국으로 빠져나갈 수 있다.

눈이라도 내린 듯 연해주 벌판은 하얀 억새꽃으로 물들었다. 중국인들이 들어와 농사짓는 옥수수밭과 콩밭도 보였다. 중국과 국경을 맞댄 우수리스크는 고려인보다 중국인이 더 많았다. 상설시장까지 갖춘 그들은 중국에서 생산한 야채를 들여와 팔고 있었다.

차창 너머로 길게 꼬리를 문 동청철도가 모습을 드러냈다. 우수리스크 역을 출발한 두 사람은 어떤 대화를 나눈 걸까? 검찰 조사에서 안중근은 통역의 필요성을 진술했다.

검찰: 쑤이펀허에서 러시아어 통역과 동행할 거라는 이야기는 어디서 했는가?
안중근: 기차 안에서 했다. 러시아어 통역이 없으면 일을 그르칠 수도 있어 유동하를 데려가기로 했다.

검찰: 러시아 말을 모른다고 했는데, 우수리스크 역에서 이등차표를 구입할 때는 어떻게 했는가?

안중근: 우수리스크는 한인들이 많이 살고 있어 크게 어렵지 않았다.

검찰: 쑤이펀허에 사는 유동하는 전부터 알고 지내는 사이인가?

안중근: 쑤이펀허 세관에서 일하는 정대호를 통해 알았다.

검찰: 유동하의 부친도 알고 있는가?

안중근: 몇 번 뵌 적 있다.

검찰: 유동하 부친의 이름은 유경집이고, 직업은 한의사가 맞는가?

안중근: 그렇다. 쑤이펀허에서 한의원을 하고 있다.

검찰: 유동하의 집은 쑤이펀허 역에서 얼마쯤 되는 거리인가?

안중근: 이삼백 보 정도의 거리로, 아주 가깝다.

검찰: 기차는 쑤이펀허 역에 몇 시경 도착했는가?

안중근: 저녁 아홉시쯤이었다.

검찰: 쑤이펀허 역에서는 몇 분간 정차했는가?

안중근: 한 시간 정차했다.

우수리스크를 떠난 지 한 시간 반 만이었다. '경계에 위치한 도시'라는 뜻의 포그라니치니 이정표가 보였다.

국경 마을로 들어서자 군복 차림을 한 러시아 병사들이 자주 눈에 띄었다. 고려인들은 러시아 군인을 '마우재(러시아 사람을 얕잡아 이르는 말)'라고 불렀다.

"지금도 마우재만 보면 속에서 불덩어리가 올라오오. 우즈베키스탄으로 끌려간 것도 억울해 죽겠는데, 마우재들이 글쎄 고려인들을 들

러시아 국경 마을 포그라니치니 전경

그라데코보 역 정면

판으로 끌어내 총질을 하지 뭐요. 내 아버지도 그때 죽었소."

삼십 구가 넘는 시신을 수습하는 일도 고려인 몫이었다. 마우재들은 총살을 면한 고려인들에게 술을 잔뜩 먹인 후, 들판에 널브러진 시신을 치우라며 총부리를 들이댔다.

러시아 국경 지역에 위치한 포그라니치니는 마을과 기차역 이름이 서로 달랐다. 그라데코보 역에 근무하는 역무원에게 묻자 뜻밖의 사실을 알려주었다. 그라데코보 다음 역이 사스노바야빠찌고, 그다음 역이 중국 쑤이펀허라고 했다.

"이 지역을 포그라니치니라고 부른 건 1958년부터야. 그전에는 아무르주州 총독을 지낸 이바노비치 그레데코프의 이름을 따서 그라데코보라고 불렀어."

"그럼 포그라니치니 역은 어디를 말하는 거죠?"

"중국 국경에 있는 쑤이펀허야. 해방 전까지 쑤이펀허는 러시아 관할지였거든."

비로소 궁금증이 풀렸다. 포그라니치니 지명을 두고 의견이 분분했던 것이다.

그라데코보 역 입구에는 중국에서 여행을 온 단체 관광객들이 많았다. 한참을 지켜봐도 사진을 찍는 사람은 없었다. 역사 곳곳에 사진 촬영을 금지하는 경고 문구와 함께 감시 카메라가 설치되어 있었다. 주변을 살피던 중 역에서 마을로 연결된 육교를 발견했다. 인적이 뜸한 육교 계단을 타고 오르자 국경역 내부가 한눈에 드러났다. 플랫폼 양쪽에 무장한 러시아 병사 두 명이 서 있고, 선로 위에는 목재와 석탄을 운송하는 화물열차가 즐비했다. 건물 앞부분만 봐서는 역인지 관공

그라데코코보 역 내부

서인지 구분이 어려웠는데 'ГРОДЕКОВО(그라데코보)' 간판이 선명하게 보였다.

출국 시간에 맞춰 여권을 제시하자 매표구 직원이 쳐다보았다. 그라데코보 역에서 한국 여권은 처음이라고 했다. 혼춘, 둥닝, 미산, 만저우리 등 중·러 접경 지역은 여러 곳이지만 외국인이 기차로 넘을 수 있는 국경은 쑤이펀허가 유일하다. 그라데코보에서 쑤이펀허까지의 요금은 702루블이었다.

비좁은 출국장은 보따리상과 관광객들로 소란스러웠다. 상대방을 의식하지 않는 중국인들 틈에 끼어 출국수속을 기다렸다. 마침 그때, 카키색 차림의 러시아 여군이 다가와 팔목을 잡아끌었다. 무슨 일일까? 엉거주춤 여군을 뒤따라가는데 앞줄에 서 있는 중국인 여권을 가

그라데코보 역에서 쑤이펀허를 오가는 러·중 국경 열차

리켰다. 붉은색 바탕의 중국 여권과 한국 여권은 색상에서 금방 차이가 났다.

"스바씨바."

중간쯤에서 맨 앞자리로 옮겨온 뒤였다. 고맙다는 인사를 하자 러시아 여군도 손을 흔들어주었다.

쑤이펀허발은 402, 그라데코보발은 401 번호를 달고 하루 두 차례 국경을 오가는 중국 열차에는 3량의 객차가 달려 있었다. 17시 14분 그라데코보발 열차의 승강 문이 닫혔다. 플랫폼에 도열해 있던 러시아 병사들이 매서운 눈으로 객실을 응시했다. 발차를 알리는 신호였다.

그라데코보 역을 출발한 401 열차는 울창한 산림을 따라 가다 서다를 반복했다. 역무원이 알려준 사스노바야바찌(소나무 골짜기) 역은 일반인 접근이 어려운 초소나 다름없었다. 기차가 정차하자 러시아 군인이 주변을 빈틈없이 살폈다.

26킬로미터의 거리를 두 시간 가까이 달려온 국경 열차는 쑤이펀허 역에 정차했다. 플랫폼을 지키고 있던 중국 역무원들의 호루라기 소리가 요란했다. 기차에서 내린 승객들을 입국장 안으로 몰아넣는 소리였다.

외국인이라곤 달랑 한 명뿐이어서 입국수속도 별개로 진행되었다. 손에 쥔 여권을 내밀자 두 개의 여행 가방이 검색대 위에 올려졌다. 쑤이펀허 역 세관 검사가 여간 까다롭지 않다는 안중근의 말이 뇌리를 스쳐 갔다. 모든 신경이 바지주머니에 쏠렸다. 그라데코보 역에서 찍은 사진이 바지주머니 속 소형 카메라에 담겨 있었다. 세관 직원과 실랑이가 벌어졌다. 두 개의 가방을 엉망으로 헤집어놓아 기분이 썩 좋지 않았다.

"잠깐만요! 한국인이세요?"

중국인 수속을 마친 직원이 뛰어왔다. 삼십대 초반의 조선족이었다.

"꼭 이렇게까지 해야 합니까? 외국인을 마치 범법자 취급하고 있잖습니까?"

"쑤이펀허 세관으로 들어오는 한국인이 없어서 그럴 겁니다. 중국인과 러시아인이 전부거든요."

"백 년 전에 이곳으로 넘어온 사람이 있잖습니까."

"백 년 전에요?"

"안중근 모르세요? 하얼빈 역에서 이토 히로부미를 저격한 안중근 말이요!"

"무슨 말인지 알겠습니다. 이 친구한테 설명해보겠습니다."

두 사람이 이야기를 나누는 동안 백여 년 전 쑤이펀허 세관에서 근무한 정대호를 떠올렸다.

1909년 8월 안중근이 나의 집으로 찾아왔을 때다. 진남포에 있는 처자를 불러오라고 하자 안중근도 이에 동의하며, 나에게 데려오라는 부탁을 하였다. 함경도로 건너가 안중근의 처자를 데려온 나는 안중근이 쑤이펀허로 오는 것을 기다렸다가 인계할 생각이었다.

일찍이 신학문을 깨친 정대호는 안중근이 설립한 삼흥학교에서 함께 근무했다. 안중근은 러시아어에 능통한 정대호를 곧잘 시샘하곤 했는데, 유동하를 추천한 사람도 정대호였다. 서로 길이 엇갈려 쑤이펀허에서 만나진 못했지만 정대호로서는 최선을 다한 셈이었다. 안중근을 볼 때마다 정대호는 가족과 함께 살라며 잔소리를 늘어놓곤 했다.

중국인 세관 직원이 난처한 표정을 지었다. 이 잡듯이 헤집어놓은 두 개의 여행 가방을 서둘러 정리해주었다. 입국장을 빠져나오는데 해가 저물고 있었다.

쑤이펀허

● 일곱 번째 발걸음 ●

열여덟 살 소년 유동하

쑤이펀허 새 역사

안중근 일행이 탄 기차는 저녁 9시 25분 쑤이펀허 역에 정차했다. 안중근은 역에서 가까운 유경집을 찾아갔다. 쑤이펀허에서 하얼빈에 이르는 빈쑤이선濱綏鐵路은 러시아 관할 지역으로, 러시아어를 모르면 차표 한 장 구하기 어려웠다.

"마침 잘되었소. 하얼빈에 약재를 구하러 갈 일이 생겨 동하를 보내려던 참이었소."

"감사합니다, 선생님."

"하얼빈에서 묵을 숙소는 정했소?"

"하얼빈은 초행이라 아직 구하지 못했습니다."

"그럼 하얼빈 한인회 회장을 맡고 있는 김성백을 찾아가시오. 안 동지라면 내치지 않을 거요."

나중에 안 일이지만, 유경집과 김성백은 사돈지간이었다. 유경집의 딸과 김성백의 넷째 동생이 서로 약혼한 사이였다. 블라디보스토크를 떠나 하루의 절반을 달려온 안중근은 한결 마음이 편안해졌다. 러시아어 통역과 하얼빈에서 지낼 숙소를 유경집이 해결해준 것이다.

일제의 탄압이 심해지면서 쑤이펀허도 망명한 독립투사들의 왕래가 점차 늘어나는 추세였다. 국경 마을에서 한의원을 하는 유경집은 그들을 물심양면으로 도왔다. 러시아에서 구입한 각종 무기들이 쑤이펀허와 둥닝을 통해 만주로 들어갔기 때문이다. 청산리 전투에서 사용된 무기는 둥닝을 거쳐 북간도 지역으로, 쌍즈·무단장·하이린 등 헤이룽장성 지역은 쑤이펀허를 통해 공급되었다.

"선생님, 안녕하세요?"

안중근을 본 유동하가 먼저 알은체를 했다. 정대호 집에서 처음 봤을 때, 안중근의 잘린 손가락이 인상 깊게 남아 있었다. 정대호처럼 평범한 삶을 사는 것 같지는 않았다.

"우리가 만난 게 지난봄이었던가?"

"네, 선생님."

"반년 만에 다시 보는구나."

안중근은 지난 삼월을 떠올렸다. 그때도 정대호는 처자식과 함께 지내라며 안중근을 다그쳤다. 안중근의 가족사를 누구보다 잘 알고 있는 허물없는 친구였다.

"그런데 하얼빈은 무슨 일로 가시는지 여쭤도 됩니까?"

"진남포에 있는 가족들이 온다고 해서 마중을 가는 길이다. 어렵겠지만 동하가 좀 도와줘야 할 것 같구나."

"염려 마십시오. 잘은 못해도 러시아 말을 배우긴 했습니다."

함경남도 덕원에서 태어난 유동하는 1902년 가족을 따라 연해주로 이주했다. 아버지를 도와 약재상 일을 하던 유동하는 러시아어를 그때 배웠다. 차츰 눈을 뜬 건 4년 전 쑤이펀허로 이주한 뒤였다. 아버지의 영향을 받은 유동하도 독립투사들의 면면을 어느 정도 알고 있었다. 하얼빈 사건으로 뤼순감옥에서 출소한 유동하는 도산 안창호의 통역을 맡기도 했다.

유동하 가족이 이주할 당시만 해도 쑤이펀허는 한인동포 수가 스무 명도 채 되지 않았다. 그만큼 쑤이펀허는 이동인구가 많았다. 1903년 쑤이펀허에서 하얼빈을 잇는 빈쑤이철도가 개설되면서 러시아 상인들이 몰려들었다. 쑤이펀허에서 하얼빈은 485킬로미터, 블라디보스토크는 190킬로미터로, 러시아가 훨씬 가까웠다.

1899년에 건설한 쑤이펀허 역은 내부 공사 중이었다. 2014년 새 역사가 들어서면서 옛 역은 중동철도 보호 건축물로 지정되었다.

쑤이펀허 옛 역

유동하 가족이 살았던 한의원 자리는 정확한 위치를 알 수 없었다. 안중근의 진술대로 기차역에서 이삼백 보, 그저 가늠해볼 따름이었다.

3층 건물이 들어선 주변을 살펴본 뒤였다. 가파른 언덕길을 타고 오르자 러시아정교 건물이 자태를 뽐냈다. 성당 입구 동판에 새긴 해당 연도가 러시아의 특징을 말해주었다. 러시아는 건축물에 완공 연도를 표기하는데, 쑤이펀허 정교 성당도 동청철도 완공 시기(1902년)와 일치했다. 현재는 쑤이펀허 기독교 교회로 사용 중이었다.

성당에서 문화광장 방면으로 걸어갈 때였다. 오랜 수목들 사이로 전혀 다른 세계가 펼쳐졌다. 백여 년 전 러시아가 조차지로 사용한 공간이었다. 러시아 영사관, 문화예술관, 교통국, 학교 등이 원을 그리듯 자리를 지켰다. 해방 전 노동당사로 이름이 바뀐 교통국은 우리나라

정교 성당

독립투사들의 은신처로 사용되기도 했다.

다섯 개 건물 중에서 색상이 가장 화려한 문화예술관은 1924년 일제의 손으로 들어갔다. 하얼빈 사건을 계기로 일제는 문화예술관을 쑤이펀허 일본 영사관으로 등재해버렸다. 연해주 지역에서 활동하는 독립투사들을 감시하고, 러시아에서 만주로 연결된 쑤이펀허 국경을 차단하려는 의도였다.

쑤이펀허 도심에 자리한 문화광장 주변은 러시아인들이 심심찮게 보였다. 일부 여행객과 국경을 오가는 보따리상들이었다. 1992년 국경 개방도시로 선정된 쑤이펀허는 도심 속 간판마저 이국적인 풍경을 자아냈다. 러시아 키릴 문자에 가려 중국어는 있는 듯 없는 듯했다.

20만 인구를 가진 쑤이펀허는 만주에서 유일하게 언덕이 많은 도

러시아 영사관

일본 영사관

시다. 고개를 넘으면 더 큰 고갯길이 버티고 있다.

"한국에 가설랑 알았지 뭡네까. 수분하(쑤이펀허)를 닮은 달동네가 서울에 쌨다는 걸 말입네다. 수분하도 야산을 깎아 만들어설랑 다른 도시와 생긴 것이 영 다르단 말임다. 중국도 아니고 러시아도 아닌 것이, 어디로 튈지 모르는 미국 공(럭비공)을 쏙 빼닮았지 뭡네까."

쑤이펀허에서 식당을 하는 조선족 아주머니의 말에 한참을 웃었다. 고기 반 물 반처럼 쑤이펀허는 중국 반 러시아 반이었다. 쑤이펀허 역에서 기차를 타면 만주의 최남단 다롄까지 19시간 40분(1301킬로미터)이 걸렸다.

관광지로 조성된 쑤이펀허 국경은 네이멍구 초원의 만저우리 국경을 보는 듯했다. 중국 국기와 러시아 국기가 나란히 서 있는, 철조망 너

국경 철조망 너머로 러시아 땅이 보인다.

머의 러시아 땅이 오히려 평화로워 보였다.

"국경도 흐르는 물과 같아서리 오래 닫아두면 썩기 마련이오. 설령 한쪽에서 총구를 들이대더라도 용기 있는 자가 먼저 두드려야 하오. 국경이야말로 물자와 평화가 동시에 오가는 숨통 중에 숨통이란 말이지."

무링

신부가 되길 바랐던 분도의 죽음

무링 기차역

이토 히로부미를 사살한 인물이 안중근으로 밝혀지면서 두 동생(공근, 정근)도 일본 경찰에 연행되었다. 조성녀는 무혐의로 풀려난 두 아들을 뤼순으로 보냈다. 안중근의 옥바라지를 위해서다.

그리고 며칠 후, 조성녀도 평양으로 떠나는 기차에 올랐다. 서울 변호사협회에서 추천한 안병찬을 찾아가는 길이었다. 워낙 큰 사건이다 보니 안중근의 변호를 맡겠다는 사람이 없었다.

안병찬 변호사와 이야기를 마치고 나오는데 일본 헌병이 기다리고 있었다. 눈에는 눈 이에는 이. 통감부로 연행된 조성녀도 호락호락 당하지만은 않았다.

"내 아들 안중근은 밤낮으로 나라를 걱정하고, 매사에 정당성을 주장한 애국자였소. 당신들이 말하는 흉악범이 아니란 뜻이오."

《대동공보》 이강의 말처럼 조성녀는 범이 범을 낳은, 여걸 중에 여걸이었다. 일본 헌병의 연이은 추궁에도 한 점 흐트러짐이 없었다.

1862년 배천 조씨 가문에서 태어난 조성녀는 지극히 평범한 여성이었다. 개화한 안태훈과 혼인하면서 조성녀의 삶도 조금씩 바뀌어갔다. 빌렘 신부에게 세례(마리아)를 받은 조성녀는 1907년 국채보상운동이 일어나자 자신이 먼저 솔선수범을 보였다. 패물로 간직한 은장도, 은귀걸이, 은비녀 등을 나랏빚 갚는 데 내놓았다.

뤼순감옥에 수감 중인 안중근이 세상을 떠난 뒤였다. 마차에 이삿짐을 싣고 가는데 마적들이 나타났다. 총소리에 놀란 청년들이 땅바닥에 엎드려 꼼짝을 않자 조성녀는 크게 호통을 쳤다.

"이놈들아! 독립운동을 한다는 놈들이 땅바닥에 엎드리기만 하면 어쩔 테야? 이렇게 엎드려 있다간 우리 모두 다 죽는다!"

벌벌 떨고 있는 마부를 제치고 말고삐를 움켜쥔 조성녀는 다시 말을 몰았다. 죽을 때 죽더라도 마적들 소굴에서 벗어나는 일이 먼저였다.

조성녀의 미담은 뤼순감옥에서도 전해졌다. 안중근으로부터 조성녀의 이야기를 전해 들은 치바 도시치는 경탄을 금치 못했다. 어떻게

빠미엔퉁八面通 이정표

사형선고를 받은 아들에게 "비겁하게 삶을 구걸하지 말고 대의에 죽는 것이 어미에 대한 효도"라고 말할 수 있단 말인가! 간수로 복무 중인 일본 헌병 치바 도시치는 그때의 소감을 글로 남겼다.

어머니로서 자식의 목숨을 구걸하지 않고 깨끗한 죽음을 요구한다는 것은 큰 의미가 있다. 안중근의 이토 히로부미 살해는 의거였고, 역시 늙은 어머니에게도 참지 못할 공분이었을 것이다. 유감이긴 하지만 그 것은 또, 이토 히로부미로 대표되는 일본 정치에 대하여 전체 한국인의 심중에서 우러나는 절규로 보아도 될 것이다.

안중근의 사형 집행을 지켜본 가족들은 진남포를 떠나 연해주로

빠미엔퉁 기차역

이주했다. 단지동맹 흔적이 남아 있는 크라스키노에 도착한 조성녀는 눈시울이 붉어졌다. 만나는 사람마다 의협심 강한 아들의 이야기를 들려주었다.

크라스키노에서 겨울을 보낸 안중근 가족은 1911년 4월, 헤이룽 장성 무링에 정착했다.

쑤이펀허에서 기차로 반 시간이면 닿는 무링은 가을비가 내렸다. 안중근 가족이 거주한 빠미엔퉁까지는 기차역에서 37킬로미터를 더 가야 한다.

> 무링은 그렇게 큰 도시는 아니었다. 높은 산이 하나 있고, 조그만 강이 소리 없이 흘렀다. 그 강에서 가까운 곳에 안정근(안중근 첫째 동생)의 집이 있었다. 나의 아버지(이갑)는 안정근의 집에서 1년을 살았는데, 새로 이사한 우리 집과 불과 오 분 거리였다. 주로 찾아오는 사람은 안창호, 이강, 이광수, 유동열, 이동휘 등이었다.

이갑의 딸 이정희의 증언처럼 안중근 가족을 무링으로 이주시킨 사람은 안창호, 이갑, 이강이었다. 일제 강점기 무링은 쑤이펀허와 함께 러시아 조차지 안에 있어 일본의 감시가 덜 미치는 곳이었다.

일제는 하얼빈 사건 배후로 안창호, 양기탁, 이동휘, 이갑 등이 결성한 '신민회'를 주목했다. 대한제국 장교 출신이었던 이갑도 일본 헌병대에서 석 달간 옥고를 치렀다. 안중근과 이갑은 애국 계몽 운동 단체인 서우학회에서 처음 만났는데, 마침 그 자리에 안창호도 있었다.

항양촌 사이로 흐르는 개천

안중근 가족 거주 추정지

일본 헌병대에서 풀려난 이갑은 러시아로 망명해 어학 공부에 매달렸다. 러시아에 살면서 러시아어를 모른다는 건 결코 자랑이 될 수 없었다. 폭넓은 항일운동을 전개하려면 언어가 뒤따라야 했다. 그런데 한날, 손가락에서 시작된 마비증상이 몸 전체로 번지고 말았다. 반신불수가 된 이갑은 러시아 국경을 넘어 안정근 집에서 요양하며 지냈다.

안중근 가족의 거주지로 추정되는 빠미엔통 항양촌엔 조그만 개천이 흘렀다. 김아려와 결혼한 안중근은 2남 1녀를 두었는데, 항양촌은 장남 분도가 의문의 죽음을 당한 곳이다.

1911년 여름이었다. 언니와 나는 무링에 있는 안중근 가족에게 문안을 갔었다. 나는 그곳에서 분도, 준생과 함께 강변에 나가 가재를 잡곤했다. 그러던 어느 날이었다. 강변에 나간 분도가 배를 움켜쥔 채 비지땀을 흘리면서 집으로 들어오더니 "엄마, 나 죽소. 아이고 배야" 하면서 쓰러지고 말았다.

당황한 분도의 어머니 김아려는 어쩔 바를 몰랐다.

"얘, 분도야! 어찌 된 일이냐? 어서 말을 하려무나."

그러자 분도가 모질음(고통을 견디어 내려고 모질게 힘을 쓴다는 북한어)을 쓰며 입속말로 말했다.

"낚시질하는 사람이 불러서 갔더니 과자를 먹자고 했어요. 그 사람도 먹고 나도 먹었는데 이렇게 배가 아파요."

"그 사람 지금 어딨니? 강변에 있니?"

"가, 갔어요."

눈을 한 번 치뜬 분도는 더 이상 말을 잇지 못했다. 그 낚시꾼은 바로 일본 놈들이 파견한 간첩이었다. 그 일이 있은 후 선생님들은 안중근의 유가족을 보호하기 위해 상하이로 이주시켰다.

1985년 조선족 문예지 《송화강》에 실린 유동선(유동하 여동생)의 증언록이다. 일제가 첩자를 내세워 독립운동가 가족을 살해한 건 어제오늘의 일만은 아니었다. 모조리 죽이고, 모조리 빼앗고, 모조리 불태운다는 삼광작전은 소름이 끼쳤다. 하지만 분도는 이제 겨우 일곱 살이었다.

뤼순감옥에 수감 중인 안중근 구명운동이 세계 각지에서 전개되었다. 러시아 주재 한국 공사를 지낸 이범진(헤이그 밀사 이위종의 부친으로, 한일합방이 체결되자 권총으로 자결했다)은 자결 사흘 전 의미심장한 말을 남겼다. 자신이 낸 의연금 5000루블 중에서 500루블은 안중근 아내에게 전해달라는……

안중근의 어머니 조성녀는 아들을 잃었지만, 김아려는 남편과 어린 자식을 잃었다. 눈물겨운 장면도 있었다. 안중근 가족을 진남포에서 데려온 정대호는 러시아 헌병대로 끌려갔다. 거듭되는 취조에도 정대호는 안중근 가족을 지키기 위해 안간힘을 썼다. 김아려를 자신의 여동생이라고 진술한 정대호는 안중근의 세 자녀를 조카라고 둘러댔다.

"형님의 성격이 너무 완고한 나머지 형제들과도 거리감이 있었습니다. 형님의 부부 사이가 나쁘다고 말할 수는 없지만, 화목한 편은 아니었습니다."

안중근의 동생 안정근의 진술이다. 그러니까 안중근은 안보다 밖에 있는 사람이었다. 돌아올 수 없다는 걸 알면서도 떠나야만 했던. 때로는 숨을 죽인 채 소용돌이치는 독립의 바다를 향해 운명처럼 나아갔던 것이다.

사형선고를 받은 안중근은 옥중에서 다섯 통의 편지를 남겼다. 그중 아내에게 쓴 편지는 마음을 착잡케 했다.

분도 어머니에게 부치는 글

예수를 찬미하오.

우리들은 이 이슬과도 같은 허무한 세상에서 천주님의 안배로 부부가 되고 다시 천주님의 명으로 헤어지게 되었으나, 또 머지않아 천주님의 은혜로 천당에서 영원히 만나게 될 것이오.

감정으로 인하여 괴로워하지 말고 천주님의 안배만을 믿고 열심히 신앙을 지키시오. 어머님께 효도를 다하고, 두 아우들과도 화목하여 자식의 교육에 힘써주시오. 세상을 살아갈 때 몸과 마음을 편안히 하고 후세에 천당의 영원한 즐거움을 누리게 되길 바랄 뿐이오.

장남 분도를 신부가 되게 하려고 나는 마음을 정했으니, 그리 알고 반드시 천주님께 바치어 신부가 되게 하시오.

할 말은 많지만 훗날 천당에서 기쁘고 즐겁게 만나 자세히 이야기할 기회가 있을 것을 믿고 또 바랄 뿐이오.

1910년 경술 2월 14일

안중근이 세 자녀의 얼굴을 마지막으로 본 건 3년 전(1907년)이었다. 장녀 현생은 여섯 살, 장남 분도는 세 살, 차남 준생은 아장아장 돌

무링시 조선족 학교는 모교처럼 따뜻했다.

이 막 지난 때였다.

장남 분도가 다녔을지도 모를 학교를 찾아 나섰다. 1946년 설립한 무링 조선족 학교가 남아 있었다.

"아마 칠팔 년쯤 됐을 겁니다. 한국에서 제법 지식을 갖춘 손님들이 찾아왔는데, 잔뜩 실망만 하고 돌아갔지 뭡니까. 안중근 의사 가족들이 살았던 곳을 둘러보고 말입니다. 그때 참으로 미안하고 죄송스러웠습니다. 그분들이 다녀가지 않았다면 중국인 마을로 변한 항양촌을 마음에나 뒀겠습니까. 우리도 처음 알았단 말입니다."

"지금도 찾아오는 사람이 있나요?"

"아닙니다. 그때 와서 크게 실망한 탓인지 발길이 뚝 끊겼습니다."

"조선족 인구는 얼마나 됩니까?"

"팔면통(빠미엔퉁)에 거주하는 조선족은 1500명이 조금 못 됩니다."

교감의 안내로 학교를 먼저 둘러본 후였다. 독립운동가들의 왕래가 잦았던 빠미엔퉁 역에서 무링 역으로 향했다. 하얼빈으로 떠나는 막차를 타려면 서둘러야 했다.

하얼빈

● 아홉 번째 발걸음 ●

여섯 발의 총성, 코레야 우라

하얼빈 옛 역사

1909년 10월 22일 저녁 9시 15분.

안중근 일행은 최종 목적지 하얼빈 역에 도착했다. 블라디보스토크를 떠난 지 서른여섯 시간 만이었다. 개찰구를 빠져나온 안중근은 레스나가야 28번지(다오와이구 썬린지에 34호), 김성백의 집으로 향했다.

함경북도 종성 출신의 김성백은 연해주 최재형과 닮은 점이 많았다. 두 살 때 우수리스크로 건너가 러시아에 귀화한 김성백은 1907년 하얼빈으로 재이주해 건설업에 뛰어들었다. 일찍이 배운 러시아어도 한몫했다. 러시아와 중국을 잇는 동청철도 건설 이후 미국, 영국, 독일, 프랑스 등 이십여 개 나라의 영사관이 들어서면서 하얼빈은 국제도시로 변모했다. 상하이는 아시아의 파리, 하얼빈은 동방의 모스크바로 불리던 시절이었다.

하얼빈 첫 항일단체는 1909년 2월에 결성한 공립회였다. 핵심은 유진률, 이강, 김형재, 탁공규 등 하얼빈 거사와 관련된 인물들이었다. 공립회 결성을 마친 유진률과 이강은 블라디보스토크로 건너가 《대동공보》를 창간했다. 하얼빈에 거주하는 김성백은 한인 자치제 '한민회'를 조직해 동포들의 이주를 도왔다. 우덕순은 훗날 "우리와 같이 조국

쑹화강을 가로지르는 철교

의 독립을 위하여 싸우고 있는 지사 중에 지사"라며 김성백을 평가한
바 있다.

　안중근 일행이 도착했을 때 김성백은 보이지 않았다. 김성백의 아
내가 일행을 맞아주었다. 안중근보다 두 살 많은 김성백은 공동묘지
문제로 골머리를 앓고 있었다. 한인동포들이 사망하면 임시로 무덤을
만들어 매장하곤 했는데 번번이 말썽을 부렸다. 비라도 오는 날이면
무덤이 침수되거나, 개들이 무덤을 파헤쳐 인골이 바닥에 나뒹구는 일
이 발생했다. 두 달 전부터 김성백은 러시아 관원들로부터 토지를 빌
려 한인 공동묘지를 조성 중이었다.

　"어려운 일을 하고 계십니다."

　"별말씀을요. 한민회 회장을 맡았으면 응당 해야 할 일이죠. 벼농

사를 짓는 북간도 동포들과 달리 하얼빈은 도시 노동자가 많은 편입니다. 아무런 준비 없이 동청철도 건설만 믿고 이주한 터라 우왕좌왕할 때도 많고요. 게다가 하얼빈은 아라사(러시아) 말을 모르면 바보가 되잖습니까."

아닌 게 아니라 김성백의 집은 사람들 발길이 끊이지 않았다. '언제나 사람들이 모여드는 집'처럼 보였다. 한인동포를 위해 애쓰는 김성백과 이야기를 나누던 안중근은 공경심이 생겼다. 연해주에 최재형이 있다면 하얼빈에 김성백이 있었다.

김성백의 집에서 첫날 밤을 보낸 안중근은 하얼빈 거리도 익힐 겸 밖으로 나갔다. 백두산에서 발원한 쑹화강 바람이 차갑게 느껴졌다. 하얼빈공원 네거리에서 길을 건넌 안중근은 이발관으로 들어갔다. 거사를 성공시키려면 사람들 눈에 잘 띄지 않는 평범한 차림이 필요했다. 길잡이로 따라나선 유동하만 투덜투덜 못마땅한 표정이었다. 안중근은 이발소에서 옷가게로 가더니, 이번엔 사진을 찍어야 한다고 했다.

안중근, 우덕순, 유동하 순으로 자리에 앉았을 때다. 배가 불룩 튀어나온 중국인 사진사가 찰칵! 찰나의 순간을 흑백필름에 담았다. 세

안중근, 우덕순, 유동하가
함께 찍은 사진

사람이 함께 찍은 지상의 마지막 사진이었다. 표정은 모두 덤덤해 보였다. 올해 열여덟 살인 유동하의 얼굴만 약간 굳어 있었다.

말끔하게 차려입은 세 사람은 하얼빈 역 방향으로 걸음을 옮겼다. 어젯밤 포장을 씌운 마차를 타고 오느라 길을 제대로 익히지 못한 터였다. 이토 히로부미가 예정대로 26일 하얼빈에 온다면 시간도 사흘밖에 남지 않았다.

소피아성당을 지나 십여 분 걸었을까. 목조다리를 발견한 안중근은 회심의 미소를 지었다. 목조다리 밑으로 선로가 놓인 지홍차오에 올라서자, 하얼빈 역 내부가 한눈에 펼쳐졌다. 1899년 쑹화장 역에서 하얼빈 역으로 바뀐 역사는 규모가 그렇게 커 보이진 않았다. 역사 주변에 마찻길이 보이고, 그 옆으로 식당과 여관 건물이 늘어서 있었다. 입술을 질끈 깨문 안중근은 플랫폼을 눈여겨봐두었다.

점심시간에 맞춰 김성백의 집으로 돌아오자 반가운 소식이 기다리고 있었다. 10월 25일 밤, 이토 히로부미가 창춘 역에서 하얼빈으로 출발한다는 신문 보도였다. 유동하를 밖으로 내보낸 안중근은 우덕순과 마주 앉았다. 보도 내용이 사실이면 통역할 사람이 한 명 더 필요했다.

"김형재를 만나보는 건 어떤가?"

"좋은 생각이네. 지난봄에 설립한 학교도 구경할 겸 한번 가보세. 동하는 두고 가세."

"그래야겠지? 우리야 이미 목숨을 내놓은 처지 아닌가."

1909년 4월 하얼빈 고려가에 설립한 동흥학교는 공립회가 주축이 되었다. 유진률, 이강, 김형재, 김성백 등이 힘을 합쳐 하얼빈에 최초 한인 학교를 세웠다. 북간도 학교와 다른 점이 있다면 러시아어였

소피아성당

지홍차오에서 바라본 하얼빈 역 내부

지훙차오에서 하얼빈 역으로 가는 길

다. 러시아어가 붐을 타면서 동흥학교를 시작으로 한인노동자학교, 대
성보통학교 등에서 정규 과목으로 채택되었다. 영토만 중국일 뿐 하얼
빈은 온통 러시아 세상이었다.

동흥학교 교정으로 들어서던 안중근은 진남포 시절이 그리웠다.
삼흥학교와 돈의학교를 운영할 때, 마음은 늘 다른 곳을 향해 있었다.
학교를 지키는 일보다 일제에 짓밟힌 나라를 일으켜 세우는 일이 시급
해 보였다.

동흥학교 교장을 맡고 있는 김형재와 초면은 아니었다. 이강이 불
러서 갔더니《대동공보》에 김형재가 앉아 있었다. 오늘이 세 번째 만
남이었다.

"반갑소, 안 동지! 먼 길 오느라 고생이 많았소."

"하얼빈에서 다시 뵙게 되네요. 덕분에 학교도 보았고요."

"이곳은 위험하니 장소를 조용한 곳으로 옮길까요?"

김형재가 안내한 곳은 하얼빈에서 약국을 운영하는 김성옥의 자택이었다.

마침 그곳에는 러시아에서 넘어온 조도선도 있었다. 다섯 사람이 서로 인사를 나눈 후 간단한 술자리가 벌어졌다.

"안 동지도 한잔하겠소?"

"아닙니다. 술을 끊은 지 오랩니다."

조도선이 술잔을 권했지만 안중근은 정중히 사양했다.

1905년 12월 상하이 답사를 마치고 진남포로 돌아가는 길이었다. 아버지의 부음 소식을 접한 안중근은 통곡하며 울었다.

'어찌하여 나는 아버지의 장례조차 치르지 못한 불효자식이 되었단 말인가. 이러고도 내가 한 집안의 장남이라고 할 수 있단 말인가. 이럴 수는 없다, 이럴 수는……'

안중근은 그날 이후 작심한 듯 술을 끊었다. 동양평화와 국권회복에만 집중할 계획이었다.

"이거 한번 보시겠소?"

건강이 좋지 않은 김성옥이 하얼빈에서 발간한 중국어판《원동보遠東報》를 내밀었다. 이토 히로부미와 러시아 재무징관 블라디미르 코코프체프가 하얼빈에서 회담을 갖는다는 내용이 실려 있었다.

"25일 밤 11시에 창춘을 출발하면 하얼빈 역에 몇 시쯤 도착할까요?"

"특별열차 편으로 온다고 해도 열 시간은 걸리지 않겠소."

창춘에서 하얼빈은 237킬로미터. 거리와 시간을 확인한 안중근은 가슴이 뛰었다. 이토 히로부미의 하얼빈 방문은 적의 포위망을 좁히듯 기정사실화되고 있었다.

김성옥의 집에서 나온 안중근은 우덕순과 밤거리를 걸었다.

"내일 창춘을 한번 가보는 건 어떻소?"

"답사를 하려는 것이오?"

"이토가 창춘에서 특별열차로 갈아탄다는 소식을 듣고 확인해보고 싶었소."

"네 사람이 움직이려면 경비가 꽤 들 텐데 괜찮겠소?"

"동하는 하얼빈에 남겨두고 조도선과 같이 갈 생각이오. 그리고 부족한 경비는 김성백에게 부탁해보겠소."

김성백의 집으로 돌아온 안중근은 유동하를 방으로 불렀다. 김성백에게 직접 돈 얘기를 꺼내려니 입장이 난처했다. 유동하를 대신 보낸 안중근은 앉은뱅이책상에 앉아 펜을 들었다. 유동하가 돈을 빌려오면 블라디보스토크에 있는 이강에게 갚도록 할 생각이었다.

삼가 아룁니다. 10월 22일 밤 하얼빈에 도착하여 김성백 씨 댁에 머물고 있습니다. 중문판 《원동보》에서 보니 이토는 25일 밤 11시 창춘 역에서, 러시아 철도 총국에서 준비한 특별열차 편으로 출발한다고 합니다. 우리는 때를 기다려 창춘에서 결행할 생각이오니 그리 아시기 바랍니다. 이 큰 일의 성공 여부는 하늘에 달려 있으니 동포들의 기도에 힘입어 성공하게 되길 간절히 바랍니다. 그리고 김성백 씨에게 50루블을 차용하니 속히 갚아주시기를 간절히 부탁드립니다.

대한 독립 만세 10월 24일

추신: 쑤이펀허에서 유동하와 함께 하얼빈에 도착했으니 앞으로의 일은 본사로 통보할 것입니다.

옥중에서 집필한 《안응칠 역사》에서 안중근은 돈 이야기를 여러 차례 했다. 하바롭스크 방면으로 시찰을 떠났다 돈이 떨어져 돌아왔고, 빨치산스크에 머물 적에도 호주머니가 늘 비어 있었다. 이틀 앞으로 다가온 하얼빈 거사는 상황이 더욱 좋지 못했다. 사람은 네 명으로 늘었는데 가진 돈은 바닥을 드러냈다.

눈을 한 번 감았다 뜬 안중근은 기도하는 마음으로 다시 펜을 들었다. 이강에게 보낼 편지를 쓰고 나니 울컥, 울분이 치솟았다.

장부가 세상에 처함이여, 그 품은 뜻이 크도다.
때가 영웅을 만듦이여, 영웅이 그 때를 만드는도다.
천하를 내려다봄이여, 어느 날에 대업을 이룰꼬.
동풍이 점차 차가워짐이여, 장사의 의기 뜨겁도다.
분개함이 한 번 뻗치니 반드시 목적을 이루리로다.
쥐도적 이토여, 그 목숨이 어찌 사람 목숨이겠는가.
어찌 이에 이를 줄 알았으리, 도망갈 곳이 없구나.
동포여 동포여, 어서 빨리 대업을 이룰지어다.
만세 만세여, 대한독립이로다.
만세 만만세여, 대한동포로다.

쑹화강을 건너면 태양도 太陽島 가 있다.

〈장부가〉를 다 쓴 안중근은 밖으로 나갔다. 밤바람이 차가웠다. 무거웠던 머리가 차츰 맑아졌다.

안중근이 자리를 비운 사이 우덕순도 펜을 들었다.

만났구나 만났구나 원수 너를 만났구나
내 너를 만나려고 일평생을 원했지만
어찌 그리 더디더냐
때론 기차 타고 때론 배를 타고
앉으나 서나 빌고 빌었나니
러시아, 청나라를 지날 때면
살피소서 살피소서 우리 구주 살피소서
동쪽 반도 대한국 살펴주소서
아무쪼록 저희를 도우소서
아아, 네 늙은 간흉 도둑 내 강토를 빼앗고
내 동포 마구 잡아 죽이더니
무엇이 부족하여 쥐새끼 모양으로
요리조리 다니느냐
나도 오늘 네가 북향할 줄은 몰랐다
덕을 닦으면 덕이 오고 죄를 범하면 죄가 오는 법
너의 동포 사천만을 하나둘씩
내 손으로 죽이리라

한날한시 같은 자리에서, 서로에게 화답하듯 써 내린 두 편의 노래.

둘이면서 하나인 그들은 이미 알고 있었다. 지금의 이 순간순간들이 마지막 길이라는 것을! 다시는 돌아갈 수 없다는 것을!

김성백에게 보낸 유동하가 빈손으로 돌아오자 안중근은 남은 돈을 계산했다. 창춘까지 가는 건 어려워 보였다. 기차가 교차하는 차이자거우를 거사 장소로 정한 안중근은 잠을 이루지 못했다. 한반도를 강탈한 이토 히로부미는 뤼순에서 귀빈열차를 타고 온다는데 당장 기차표가 걱정이었다.

다음 날 아침 안중근은 유동하를 따로 불렀다.

"이걸 받아두어라."

"선생님의 지갑을요?"

"지갑 안에 6루블을 넣어두었다. 《대동공보》로 편지를 보내고, 급한 일이 생기면 전보를 치도록 해라."

유동하에게 지갑을 건네면서 안중근은 편지도 함께 주었다. 어젯밤 이강에게 쓴 것과 대한독립의 염원을 담은 〈장부가〉였다. 오늘부터는 몸에 권총 한 자루만 지닐 생각이었다.

김성백의 집을 나서기 전 안중근은 벨기에산 브라우닝 권총을 다시 점검했다. 차가운 금속성이 온몸에 전해졌다.

차이자거우

●열 번째 발걸음●

우덕순과 조도선

차이자거우 기차역 팻말

세 명씩 앉아가는 차이자거우행 기차는 몹시 불편했다. 맞은편 좌석과 마주 보는 구조여서 시선을 두는 것조차 껄끄러웠다.

하얼빈을 벗어난 기차가 정차한 곳은 쌍청 역. 영화 〈암살〉에서 안옥윤(전지현분)의 사격술을 조련시킨 신흥무관학교 교관 출신 지청천이 스쳐 갔다.

헤이룽장성과 지린성 경계에 놓인 쌍청은 창춘에 만주국을 세운 일본군 전략 요충지였다. 1931년 12월, 독립군 총사령관 지청천과 지린성 자위군 총지휘관 딩차오는 한중연합작전에 돌입했다. 치열한 공방전 끝에 쌍청성城을 점령한 한중연합군은 일본군 이천여 명을 생포하는 대승을 거두었다. 우리나라 독립운동사에는 '쌍성보 전투'로 기록되었다.

차이자거우 역이 가까워오자 안중근은 객실을 한 번 살핀 뒤 우덕순을 승강구로 불러냈다.

"이걸 받게."

안중근은 상의 안주머니에서 꺼낸 탄환을 우덕순에게 건네주었다.

"나도 가지고 있네."

차이자거우 기차역

"만일을 대비해 주는 것이니 잘 간직하게."

우덕순이 전해 받은 탄환은 인도 캘커타 지방에서 제조한 덤덤탄이었다. 탄환의 끝부분을 십자 모양으로 제조한 덤덤탄은 1907년 헤이그 만국평화회의에서 비인도적이라는 이유로 사용이 금지되었다. 탄체가 터지면서 납 알갱이들이 인체에 박히는 특수성을 가지고 있었다.

나는 기차를 타고 남쪽으로 떠나서 채가구(차이자거우)에 도착했다. 지하실 찻집에 묵을 곳을 정한 다음 역무원에게 물었다.

"이곳에는 하루 몇 번씩 기차가 왕래합니까?"

"매일 세 번 왕래합니다. 그런데 오늘밤에는 러시아 특별열차가 하얼빈에서 창춘으로 갑니다. 이 열차는 일본 대신 이토를 태우고 모레 오전 6

시쯤 여기에 올 것입니다."

이처럼 분명한 소식은 근래 처음 듣는 확실한 정보였다. 그래서 나는 다시 한 번 더 깊이 생각해 보았다.

'모레 아침 6시면 아직 날이 밝지 않았을 시점이다. 그렇다면 이토가 이곳에서 내리지 않을 수도 있다. 만약 이토가 내린다고 하더라도 어둠 속에서 누가 진짜인지 가려낼 수 없지 않을까? 희미한 사진으로 한 번 봤을 뿐 나는 이토의 얼굴을 정확히 알지 못한다. 아, 이 일을 어찌하면 좋단 말인가? 특별열차가 출발하는 창춘 쪽으로 가보고 싶지만 여비가 부족하니……'

이토 히로부미의 동선을 확인한 안중근은 도착 시간이 마음에 걸렸다. 겨울이 일찍 찾아오는 북만주에서 오전 6시는 사물을 분간하기 어려웠다.

하얼빈 역에서 하루 두 차례 운행되는 차이자거우 역은 유난히 한적해 보였다. 기차에서 내린 승객들이 빠져나가자 대합실은 숨죽인 듯 고요했다. 때늦은 가을햇살이 창문을 비집고 들어와 빈자리를 지켰다. 1909년 10월 24일과 다른 점이 있다면, 역사 주변에 쌓아둔 석탄더미가 보이지 않는다는 것이다.

창춘으로 가는 걸 포기한 안중근은 하얼빈에 남은 유동하에게 전보를 보냈다. 사전에 입을 맞춘 암호 형식의 전보였다.

'우린 여기에 하차했으니 그곳에 일이 있으면 소식 바란다.'

하얼빈 소식은 저녁 무렵 도착했다. 그런데 전보 내용이 분명치 않았다.

'그가 내일 이곳으로 온다.'

미심쩍은 마음에 안중근은 조도선에게 다시 물었다. 러시아어로
된 전보는 조도선을 통해 그 내용을 확인할 수 있었다.

"그가 내일 온다는 내용이 분명하오?"

"그렇게 적혀 있소."

조도선을 먼저 방으로 들여보낸 안중근은 우덕순과 함께 대합실
화장실로 들어갔다. 러시아 군인들이 역사 주변과 대합실을 지키고 있
어 마땅한 장소가 없었다.

"세 사람이 이곳에 있는 건 좋은 방법이 아닌 것 같네."

"동하가 보낸 전보 때문인가?"

우덕순의 질문에 안중근은 세 가지로 나누어 설명했다.

"첫째는 세 사람이 지닐 경비가 부족하고, 둘째는 전보 내용이 의문
스럽네. 역무원에게 물었을 때 분명 모레 아침 6시라고 하지 않았나.
그리고 마지막은 불길함이네. 이토가 만약 차이자거우에서 내리지 않
고 하얼빈으로 곧장 가버린다면 어찌 되겠는가."

유동하의 전보를 받은 안중근은 자꾸만 불안한 생각이 들었다. 세
명이 같은 장소에 모여 있다간 이토를 놓칠 수도 있었다.

"안 동지의 생각이 그렇다면 내가 하얼빈으로 가겠네. 조금 전 중
국인 역장한테 물었더니 시간을 정확히 알려주더군. 이토가 탄 열차는
모레 아침 6시 차이자거우에, 하얼빈 역에는 9시경 도착한다고 했네."

"그럼 내일 12시에 떠나는 기차가 있으니 우 동지는 하얼빈으로
가 있게. 나는 조도선과 함께 이곳을 지키겠네."

기차역 대합실

차이자거우 역전 거리

그런데 다음 날 아침, 두 사람의 순서가 바뀌었다. 우덕순을 화장실로 불러낸 안중근은 자신이 하얼빈으로 가겠다며 양해를 구했다.

"간밤에 한숨도 못 자고 결정한 것이네. 우 동지가 이곳에서 뜻을 이루지 못하면 내가 반드시 처단하겠네."

"알겠네. 어느 한쪽에서라도 이번 거사가 꼭 성공하길 기도할 뿐이네."

오직 하나의 목표만 바라보고 달려온 두 사람은 굳게 손을 맞잡았다. 거사 일정이 이틀 앞으로 다가오면서 긴장감도 더욱 증폭되었다.

안중근이 하얼빈으로 떠난 후였다. 차이자거우 역은 경비 태세가 대폭 강화되었다. 소대 병력 규모의 러시아 군인들이 역사 주변을 에워쌌다. 순간 우덕순은 안중근의 판단이 옳았음을 깨달았다. 차이자거우에서 조금만 더 지체했다면 하얼빈행 기차를 놓칠 수도 있었다. 오후로 접어들면서 검문검색이 강화되자 기차에 탑승하려던 사람들이 발만 동동 굴렀다.

"이토라는 놈이 거물은 거물인가 보네."

"갑자기 무슨 소린가?"

"궁금하면 직접 화장실을 가보게. 글쎄 마우재 놈들이 화장실까지 지키고 섰지 뭔가."

"그게 정말인가?"

권총을 휴대한 우덕순은 마른침을 꿀꺽 삼켰다. 첫 번째 장소에서 좋지 못한 일이 발생하면 그 여파가 하얼빈으로 번질 수도 있었다. 조도선을 밖으로 내보내 염탐을 시킨 것도 그 때문이었다. 러시아 군인이 지키는 곳에서는 러시아어를 할 줄 아는 사람이 의심을 덜 받았다.

"러시아 병사들에게 말도 건네봤는가?"

"담배를 주면서 살짝 물어보긴 했네."

"그래, 뭐라던가?"

"이런 일은 처음이라면서 다들 놀라는 눈치였네."

"이토가 정말 오긴 오는 모양이네."

저녁식사를 마친 두 사람은 각자 살아온 이야기를 나눴다. 4년 전 러시아 여성과 결혼한 조도선은 쑤이펀허 세관에서 일하는 정대호도 알고 있었다.

"안(중근) 동지도 그때 잠깐 본 적 있네. 정대호가 소개를 해주었는데, 하얼빈에서 다시 만날 줄은 꿈에도 몰랐네."

"그런 이야기를 왜 이제야 하는가?"

"나야 뭐, 그동안 정대호에게 신세진 걸 갚겠다고 따라나선 통역이 아닌가."

"하얼빈에서 세탁소를 할 거라고 들었는데……?"

"자리만 잡히면 우수리스크에 있는 아내부터 불러올 생각이네."

차이자거우의 밤이 깊어가고 있었다. 새벽녘 잠에서 깬 우덕순은 정신이 번쩍 들었다. 밖으로 나가려는데 러시아 군인이 방문 앞을 지키고 있었다. 시간을 확인한 우덕순은 조도선을 흔들어 깨웠다.

"이보게, 급한 일이니 통역 좀 해주게. 이제 곧 나가봐야 할 시간이란 말일세."

잠결에 눈을 뜬 조도선은 러시아에서 건너온 찻집 여주인과 대화를 주고받았다. 지하에 화장실이 없어 찻집도 대합실 화장실을 이용하고 있었다.

"지금 밖으로 나가는 건 어려울 것 같네. 이곳에서 오랫동안 장사한 사람이라 웬만하면 문을 열어줄 텐데 오늘은 어쩔 수 없다고 하네."

꼼짝없이 방에 갇힌 우덕순은 속이 타들어갔다. 시간은 째깍째깍 6시를 향해 가는데 할 수 있는 게 아무것도 없었다. 권총을 빼들어 방문 앞을 지키는 러시아 군인을 확 쏴버리고 싶었다.

"용변이 급하다고 한 번만 더 부탁을 해보게."

"안 그래도 얘기를 했더니 저기 있는 세숫대야에 누라지 뭔가."

벽에 등을 기댄 우덕순은 손바닥으로 얼굴을 쓸어내렸다. 블라디보스토크를 떠나올 때 안중근과 한 약속이 귓속을 파고들었다.

'이토 히로부미를 반드시 쏠 것. 어떠한 경우에도 달아나지 말고 코레야 우라를 크게 외칠 것. 산 채로 잡혀 우리의 억울함과 정당성을 세계 각국에 알릴 것.'

찻집 문이 열린 건 오전 7시경이었다. 밖으로 뛰쳐나간 우덕순은 모든 것이 끝났음을 깨달았다. 그 많던 러시아 군인들이 역사를 빠져나간 뒤였다. 허탈한 심정으로 대합실 주변을 서성이던 우덕순은 하얼빈 역에서 꼭 총성이 울려주길 바랐다.

찻집에 앉아 하얼빈으로 돌아갈 기차를 기다리는 중이었다. 무장한 러시아 헌병들이 찻집을 급습했다. 신분증을 제시한 우덕순은 러시아 헌병과 이야기를 나누는 조도선을 쳐다보았다. 하얼빈에서 무슨 일이 생긴 게 분명했다.

"저자가 지금 뭐라고 하는가?"

"안 동지가 기어이 뜻을 이룬 것 같네."

"확실한가?"

"방금 헌병이 이토가 죽었다고 했네."

우덕순은 더 이상 피하지 않았다. 러시아 헌병이 몸을 수색하려 하자 권총과 탄환을 자진해 내놓았다. 이토 히로부미를 척결한 마당에 망설일 이유가 없었다. '코레야 우라'를 외치지 못한 게 한이라면 한이었다.

작은 소읍으로 변한 차이자거우 거리를 거닐다 기차역으로 돌아가는 길이었다. 역사 앞마당을 지키고 있는 아름드리 수양버들을 눈여겨보았다. 어쩌면 이 수양버들은 그때의 일을 기억할지도 모른다는 생각이 들었다. 첫날은 안중근과 셋이서, 다음 날은 우덕순과 조도선이 함

차이자거우 원주민 마을

께 밤을 보낸 곳이 아닌가.

> "그대들은 러시아 헌병으로부터 이토가 살해되었다는 소식을 듣고 기
> 뻐했다는데 사실인가?"
> "그렇다. 사실이다."

묻는 일본 검찰이나, 그렇다고 그걸 대답하는 두 사람(우덕순·조도
선)이나 코미디의 한 장면이 아닐 수 없다. 이토 히로부미가 죽었다는
데 기뻐하지 않을 사람이 누가 있단 말인가!

저녁 7시, 가을 햇살이 내비쳤던 대합실 창문 너머로 저녁별이 떠
올랐다. 하얼빈 역으로 떠나는 기차를 타러 개찰구를 지나는데 중국인
역무원이 물었다.

"안종건(안중근)?"

"부시(아니). 위더선(우덕순)."

"위더선?"

"시나양(그렇소)."

안중근이 가장 믿었던, 그리고 뤼순감옥에서 사형당한 안중근을
마지막으로 떠나보냈던……. 우덕순은 안중근에게 믿음의 동지였다.

다시 하얼빈

● 열한 번째 발걸음 ●

나의 임무는 끝났다

쑹화강 풍경

오후 3시경 하얼빈 역에 도착한 안중근은 일부러 늑장을 부렸다. 거사 장소가 하얼빈 역으로 바뀌면서 안중근의 눈빛도 한층 예리해졌다. 내일 열리는 회담 때문인지 주변 경비가 물샐 틈 없었다. 승강장에서 걸어 나오던 안중근은 대합실로 연결된 비상구를 발견했다. 귀빈용 통로였다.

개찰구를 빠져나온 안중근은 대합실 안으로 들어갔다. 대합실 찻집 유리창 너머로 조금 전 기차에서 내린 승강장이 눈에 들어왔다.

'바로 저기다!'

이토 히로부미의 저격 장소를 물색한 안중근은 주먹을 가볍게 쥐었다. 대합실 찻집에서 귀빈용 비상구를 통해 나가면 바로 승강장이었다.

김성백의 집으로 돌아온 안중근은 전보 내용부터 확인했다. 두 동지를 차이자거우에 두고 오면서 머리가 무거웠다.

"사람들이 수군거리는 소리를 듣고 그렇게 보냈습니다. 이토가 오늘 온다고 해서……"

유동하를 나무랄까 하다, 그만두었다. 내일 아침 9시면 모든 것이 밝혀질 일이었다.

"부탁한 편지는 어찌했느냐?"

"아직 부치지 못했습니다."

"오늘은 늦었으니 내일 꼭 보내도록 해라."

타이르듯 말을 마친 안중근은 방으로 들어갔다. 양복 안주머니에서 권총을 꺼내 사격 자세를 취해보았다.

'승강장에서 대합실 비상구까지는 10여 미터. 단 한 치의 오차도 없어야 한다.'

모든 준비를 마친 안중근은 김성백의 집을 나섰다. 며칠 전 사진을 찍은 건물을 지그시 바라보던 안중근은 하얼빈공원 안으로 들어갔다. 1906년 조성된 하얼빈공원은 인적이 뜸했다.

김성백 집 앞 거리

내가 죽은 뒤에 나의 뼈를 하얼빈공원 곁에 묻어두었다가, 나라를 되찾거든 고국으로 옮겨다오. 나는 천국에 가서도 마땅히 우리나라의 독립을 위해 힘쓸 것이다. 너희들은 돌아가서 동포들에게 국민의 의무를 다하며, 마음을 같이하고 힘을 합하여 큰 뜻을 이루도록 일러다오. 대한독립의 소리가 천국에 들려오면 나는 그곳에서 춤추며 만세를 부를 것이다.

하얼빈 도착 다음 날이었다. 안중근은 김성백의 초청으로 하얼빈공원 옆에 조성된 한인 공동묘지 개장식에 참석했다. 조성을 마친 공동묘지가 고려가에 모여 사는 한인 마을처럼 훈훈하게 느껴졌다. 뤼순 감옥에 수감 중인 안중근은 사형 집행 날짜가 정해지자 하얼빈공원을 떠올렸다. 안중근에게 하얼빈은 매우 중요한 도시였다. 하얼빈공원 옆 한인 공동묘지에 잠시 묻혔다가, 고국의 품으로 돌아가길 바랐다.

자오린공원으로 바뀐 하얼빈공원에는 현재 안중근 유묵비가 세워졌다. 청초당青草塘은 '풀이 푸르게 돋는 언덕'을 뜻하며, 중국 당나라 시편에서 따온 연지硯池는 '벼루 앞쪽에 먹물이 담기는 오목한 부분'을 말한다. 유묵비를 감싸고 있는 한 그루 소나무가 죽어서도 죽지 않는 안중근의 이정표처럼 다가왔다.

재판관: 안중근과 그날(10. 25.) 김성백의 집에서 같이 잤나?

유동하: 같은 방에서 함께 잤다.

재판관: 안중근은 다음 날 일찍 나갔다고 했는데 몇 시경인지 알고 있나?

유동하: 아침은 아침인데 시계를 보지 않아서 잘 모른다.

재판관: 나가면서 특별한 부탁은 없었나? 이토를 암살하겠다든가……?

자오린공원 정문

안중근 유묵비

유동하: 그런 말은 듣지 못했다.

1909년 10월 26일, 운명의 날이 밝아왔다.

새 양복으로 갈아입은 안중근은 무릎을 꿇고 앉았다. 하루라도 기도를 하지 않으면 몸과 마음이 무거웠다. 안중근에게 기도는 하루의 시작이었다. 성호를 끝으로 묵상기도를 마친 안중근은 모자를 눌러쓰고, 오전 7시경 김성백의 집을 떠났다.

아직 이른 시간인데도 하얼빈 역은 몹시 어수선했다. 러시아 경비병과 중국 경비병, 일본 거류민단이 뒤엉켜 발 디딜 틈이 없었다. 기모노를 차려입은 일본 거류민단 틈에 끼어 대합실 찻집으로 들어간 안중근은 바깥 동정을 살폈다. 승강장에는 하얼빈에 파견된 각국 영사들이 삼삼오오 모여 있었다. 이토 히로부미의 위세를 보여주는 징표처럼 느껴졌다.

주변 동태를 살피며 차를 마시고 있을 때였다. 지훙차오 쪽에서 땡땡땡 요란한 신호음이 울렸다. 이토 히로부미의 도착을 알리는 소리였다. 안중근은 주먹을 질끈 움켜쥐었다.

'내 심장이 뛰는 한 마지막 기회다. 절대 놓쳐선 안 된다!'

이토 히로부미가 탄 특별열차가 도착하고 있었다. 승강장에 나와 기다리던 러시아 재무장관 코코프체프가 그곳으로 걸어갔다. 두 사람의 회담은 이토가 타고 온 특별열차 귀빈칸에서 삼십여 분간 진행되었다. 이틀 전에 도착한 코코프체프는 동청철도 시찰을 명목으로, 이토 히로부미는 만주 시찰을 핑계로 성사된 회담이었다. 물론 두 사람 사이에 만주 관할 문제가 놓여 있었다.

회담을 마친 코코프체프가 먼저 기차에서 내렸다. 그 뒤를 작달막한 키의 노인이 걸어오고 있었다.

'저자인가?'

순간 갑자기, 화가 치밀었다. 어찌하여 세상은 이처럼 불공평하단 말인가! 이웃 나라를 강제로 빼앗고, 숱한 목숨들을 짓밟고 일어선 잔악한 살인자가 기뻐 날뛰고 있었다. 힘없는 나라의 백성으로 태어난 안중근은 그것이 한스러웠다.

이토 히로부미를 환영하는 군악대 연주와 함께 러시아 군대, 중국 군대, 외교사절단 순으로 사열이 이어졌다. 대합실 찻집에서 나온 안중근은 욱일기를 흔드는 환영 인파 속으로 파고들었다. 흑백사진에서 본 늙은 도적이 분명했다.

고개를 약간 앞으로 숙인 안중근은 사열대 쪽을 훑었다. 러시아인 세 명과 일본인 칠팔 명이 코코프체프와 이토 히로부미를 뒤따르고 있었다. 러시아 군대 뒤에 서서 사정거리를 재고 있던 안중근은 권총을 뽑아들었다.

'탕! 탕! 탕⋯⋯!'

1909년 10월 26일 오전 9시 30분, 안중근의 사격술은 의심의 여지가 없었다. 처음 세 발은 이토 히로부미의 가슴과 배에, 나머지 세 발은 남만주철도 총재 나카무라 제코와 하얼빈 주재 일본 총영사 가와카미 도시히코, 이토의 수행비서관 모리 야스지로를 쓰러뜨렸다. 모두 일본인들이었다.

임무를 마친 안중근은 손에 쥔 권총을 승강장 바닥에 내던졌다. 그리고 하늘을 향해 '코레야 우라Корея Ура'를 외쳤다.

하얼빈 기차역에 남아 있는 안중근 거사 현장

하얼빈 역 1번 플랫폼 거사 현장

여섯 발의 총성과 세 번의 함성이 울려 퍼진 거사 현장을 찾았다. 하얼빈 역 1번 플랫폼에 두 개의 보도블록이 설치되어 있었다. 삼각형은 안중근이 총을 겨눈 자리, 사각형은 이토 히로부미가 쓰러진 자리다.

하얼빈 조선민족예술관에 마련된 안중근 기념관을 하얼빈 역에 개관한 건 2014년 1월이었다. 거사 현장에 기념관이 들어서자 사람들의 발길이 끊이지 않았다. 안중근 기념관에서 일하는 조선족 최태옥 씨는 기쁨을 감추지 못했다.

"장소가 참 무서운 것 같아요. 개관한 지 1년 만에 10만 명이 넘는 관람객이 다녀간 것도 놀라운 일이지만, 더 큰 성과는 중국인들의 자세가 눈에 띄게 달라졌다는 겁니다. 기념관이 민족예술관에 있을 때만 해도 이렇게까지 관심을 보이지 않았거든요. 학교에서 단체로 관람을 올 때면 가슴이 얼마나 뿌듯한지 모릅니다."

하얼빈 역사에 개관한 안중근 기념관으로 중국과 일본 간의 미묘한 자존심 대결도 펼쳐졌다. 선제공격은 일본이 먼저였다. "안중근은 이토 히로부미를 사살한 테러리스트"라고 논평을 내자, 이에 중국 정부도 "안중근이 테러리스트라면 야스쿠니 신사에 합사된 14명의 A급 전범들은 뭐냐"며 맞받아쳤다.

기념관에 설치된 통유리 너머로 거사 현장이 나타났다. 대합실 찻집에서 이토의 도착을 기다린 1909년 10월 26일 아침을 다시 보는 것 같았다. 거사 현장에 '안중근 격살 이등박문사건 발생지'를 알리는 큼직한 표지판도 걸려 있었다. 여기서 격살擊殺은 '무기 따위로 쳐서 죽인다'는 분노와 증오를 담고 있는데, 중국 정부의 의도로 읽혔다. 러시아, 중국 모두 섬나라 일본에 패배한 쓰라린 기억을 갖고 있지 않던가.

안중근 의사 기념관

기념관을 관람하던 중 세 사람이 찍은 마지막 사진에 눈길이 머물렀다. 안중근, 우덕순, 유동하 모두 무언가를 주장하려는 것처럼 보였다. 우리의 의거는 결코 사사로운 감정에서 비롯된 것이 아니며, 한반도의 독립과 아시아의 평화를 위함이었음을.

안중근 의사 기념관을 관람하고 나오는 길이었다. 중국 정부의 반대를 무릅쓰고, 하얼빈 조선민족예술관에 안중근 기념관을 최초로 설립한 서학동(조선족) 씨의 음성이 가슴을 뭉클하게 했다.

"대학 시절부터 나는 역사와 문화를 같은 수레바퀴로 보았어요. 안중근 의사 기념관 설립도 그래서 가능하지 않았나 싶어요. 하얼빈에서 머문 시간이 극히 짧았던 것에 비해 역사적 행적은 그 이상이었으니까요. 바로 그런 분을 너무 오래 묻어두었다는 게 자책감으로 다가왔고, 또 안중근 의사라면 뒷감당할 자신도 있었지요. 기념관이 사라졌으면 사라졌지 안중근 의사께서 사라지기야 하겠어요."

이토 히로부미를 사살한 안중근은 하얼빈 역 철도경찰서로 연행되어 첫 신문을 받았다. 러시아 검사 밀레르는 안중근의 신원부터 확인했다. 그렇지만 안중근은 한국어 통역관이 마음에 들지 않았다. 무슨 말을 하는지 통 알아들을 수가 없었다. 이토 히로부미를 사살한 배경과 배후를 묻자 안중근도 대충 넘겨버렸다.

1차 신문을 마칠 즈음 하얼빈 주재 일본 총영사관에서 파견한 소노키 스에키가 배석했다. 안중근은 소노키의 배석이 달갑지 않았다. 하얼빈은 러시아 조차지로, 사법권 또한 러시아 관할이었다. 러시아 당국이 안중근을 체포해 수사한 것만 봐도 알 수 있다.

문제가 발생한 건 저녁 9시경이었다. 사건 발생 열두 시간 만에 러시아 측은 돌연 입장을 바꿨다. 안중근이 한국 국적을 가졌다는 점과 일본 정부의 끈질긴 압박이 뒤따른 결과였다. 결국 러시아 정부는 하얼빈 사건에서 손을 떼고 말았다. 러시아 군대의 허술한 경비로 말미암아 이번 사건이 발생했다는 일본 정부의 추궁을 피하기 어려웠다. 조사를 받던 중 안중근은 마차에 실려 일본 영사관 지하실 감방에 수감되었다.

10월 27일 아침, 일본 외무대신 고무라 주타로는 분주히 움직였다. 관동군 사령부가 있는 창춘과 관동도독부 지방법원이 있는 뤼순에 긴급 전문을 띄웠다. 하얼빈 사건을 일본 정부가 관할하려는 사전 포석이었다. 고무라 주타로는 뤼순에 있는 미조부치 다카오 검찰관을 하얼빈으로 불러들였다.

이 같은 상황을 전혀 모르고 있는 안중근은 검찰 신문에 앞서 불편한 심기를 드러냈다.

"러시아 측이 왜 내 신병을 일본에 양도했는지 검찰관은 알고 있소?"

설명에 앞서 미조부치 검찰관은 안중근의 표정부터 살폈다. 하얼빈 역에 도착해 사건 현장을 둘러본 그는 새로운 단서를 찾아냈다. 안중근은 전형적인 확신범일 가능성이 높았다. 이토 히로부미를 저격한 안중근은 도주하지 않았고, 권총을 바닥에 던진 후 러시아어로 코레야 우라를 외쳤다. 안중근의 사격술도 범상치 않았다. 명사수가 아니고는 절대 불가능한 일이었다.

"하얼빈은 중국 영토지만, 사건이 발생한 곳은 러시아가 관할하는 동청철도 부속지다. 그러므로 일본은 1905년 11월 17일 체결한 한일 보호조약에 따라 이번 사건을 담당하게 되었다. 일본 정부는 한국 정부로부터 한국인을 보호한다는 외교권을 위양받았기 때문이다."

일본 검찰의 설명에 안중근은 쓴웃음을 지었다. 을사늑약으로 빼앗은 외교권 문제라면 법정에서 다툴 일이었다. 스무 살 무렵이었던가, 안중근은 그때 이미 법정 다툼을 경험한 바 있었다. 하나는 황해도 옹진군 군민들의 돈을 참판을 지낸 김종환에게 빼앗긴 일이고, 다른 하나는 1899년 10월 3일자 《독립신문》에 보도된 '관리가 백성의 부인을 빼앗은 이경주 사건'이었다. 두 사건에 직접 뛰어든 안중근은 약자의 민권을 주장했다. 법률에 대한 지식도 그때 배웠다. 신뢰를 바탕으로 싸우면 못 이길 것도 없었다.

하얼빈 역 현장을 살펴보고 온 일본 검찰의 신문이 시작되었다.

검찰 : 그대는 이번 사건으로 한 사람을 죽이고, 세 명에게 부상을 입히고, 두 명에게 위험을 미치게 했다.

안중근 : 이토 이외의 사람에 대해서는 미안하게 생각한다.

검찰 : 이토를 죽인 것은 정당한 행위란 말인가.

안중근 : 그렇다. 나는 처음부터 이토를 처단할 계획이었으므로 내 행위가 정당하다고 믿는다.

검찰 : 그대가 믿는 천주교에서도 사람을 죽이는 것은 죄악이 아닌가.

안중근 : 알고 있다. 하지만 이토는 남의 나라를 탈취하고 숱한 사람들의 생명을 앗아갔다. 이를 알고도 수수방관하는 것은 더 큰 죄악이므로, 나는 그 죄악을 제거했을 뿐이다.

검찰 : 그대는 한국의 지사임을 자인하고 있다.

안중근 : 나는 한국을 위해, 나아가 세계를 위해 이토를 죽인 것이지 한갓 명예를 위한 것은 아니다.

검찰 : 그대는 동양평화라고 말하는데, 동양이란 어디를 말하는가.

안중근 : 아시아주亞洲를 말한다.

검찰 : 아시아주에는 몇 개 국가가 있는가.

안중근 : 중국, 일본, 한국, 타이, 미얀마 등이 있다.

검찰 : 동양평화란 어떤 의미인가.

안중근: 아시아 국가 모두가 자주독립하는 것이 동양평화다.

검찰: 그 중 한 개 국가라도 독립하지 못하면 동양평화라고 말할 수 없단 말인가.

안중근: 그렇다.

검찰 조사에서 안중근은 서로 다른 양상을 보였다. 이토 히로부미와 관련된 진술은 당당함을 잃지 않은 반면, 가족과 동지들에 관해선 거짓으로 일관했다. 부모님은 두 살 때 돌아가셨고, 처와 자식도 없으며, 일정한 거처 없이 여기저기를 떠돌아다닌다고 했다. 심지어 그는 천주교 세례를 받은 곳까지 엉변으로 둘러댔다. 이미 죽음을 각오하고 거사를 성공시켰으니, 모든 십자가를 자신이 지고 갈 생각이었다.

이토 히로부미 저격 사건에 관해선 중국 언론이 가장 호의적이었다. 일본을 추종하는 서방 언론들이 안중근의 행동을 비방할 때, 상하이에서 발행된 《민우일보》는 안중근을 치켜세웠다.

'한국인이 발사한 총탄이 비록 일본의 정책을 바꿀 수는 없으나, 그의 용기 있는 행동은 만민이 통곡하여 항의하고 1천 편의 청원서를 써서 올리는 것보다 더 유력한 것이다.'

하얼빈 거사는 또 중국 총리를 지낸 저우언라이와 덩잉차오의 러브스토리를 낳기도 했다. 고아로 자란 저우언라이가 자신의 모교(톈진 난카이중학교)를 방문한 날이었다. 스물한 살의 청년은 앳된 소녀가 내미는 손을 차마 거절할 수 없었다. 열다섯 살의 덩잉차오는 가극 〈안중근〉을 연습 중이었다.

"그때 우리는 〈안중근〉 가극을 무대에 올렸다. 나는 남자역을 맡고 저우언라이는 여자역을 맡았다. 그때까지만 해도 남녀가 같이 무대에 올라 연극을 한다는 건 정말 어려운 일이었다. 남녀 사이의 접촉이 금지되어 있는 봉건시대를 살고 있었던 것이다."

중국 총리에 오른 저우언라이는 1963년 6월, 안중근을 기리는 문서도 남겼다.

'청일전쟁 후 중·한 양국 국민의 일본제국주의에 대한 반대 투쟁은 안중근 의사가 하얼빈 역에서 이토 히로부미를 저격한 때부터 시작되었다.'

그러나 한국 언론은 의외로 조용했다. 《대한매일신보》만 안중근의 검찰 신문 내용을 간략하게 소개하는 정도였다. 물론 모두가 숨을 죽인 것은 아니다. 이토 히로부미의 죽음을 애도하는 친일파들의 추모행사가 한창일 때, 기꺼이 붓을 든 선비 학자가 있었다. 《매천야록》을 쓴 황현이다.

'하루가 채 지나지 않아 하얼빈 소식이 동서양에 전해지니, 세계가 모두 놀라서 한국에 아직 사람이 있다고 여겼다. 안중근과 거사를 도모한 십여 명이 모두 붙잡혔는데 안중근은 웃으면서 "나는 이미 일을 성공하였으니 죽음이야 누가 알겠는가"라고 말했다 한다. 그의 소식이 서울에 이르자 사람들이 감히 통쾌하다고 칭송하지는 못하였지만 모두 어깨를 추켜세웠다. 그리고 저마다 깊숙한 방에서 술을 따르며 경하하였다.'

1910년 황현은 한일합병 조약으로 일제에 국권을 빼앗기자 절명시 네 수를 남기고 음독 자결했다.

1942년 조선어학회 사건으로 검거된 '청록파' 시인 조지훈도 〈안
중근 의사 찬贊〉이라는 시로 안중근을 추모했다.

쏜 것은 권총이었지만
그 권총의 방아쇠를 잡아 당긴 것은
당신의 손가락이었지만

원수의 가슴을 꿰뚫는 것은
성낸 민족의 불길이었네
온 세계를 뒤흔든 그 총소리는
노한 하늘의 벼락이었네

의를 위해서는
목숨도 차라리 홍모鴻毛와 같이
가슴에 불을 품고 원수를 찾아
광야를 헤매기 얼마이던고

그날 하르빈 역두의
추상같은 소식
나뭇잎도 우수수
한 때에 다 떨렸어라

당신이 아니더면 민족의 의기를

누가 천하에 드러냈을까

당신이 아니더면 하늘의 뜻을

누가 대신하여 갚아줬을까

하얼빈 사건에 연루되어 끌려온 사람은 모두 열세 명이었다. 그들도
안중근처럼 하얼빈 주재 일본 총영사관 지하 감옥에 임시 수감되었다.

1909년 10월 30일.

자신의 주장을 일관되게 펼쳐온 안중근은 일본 검찰관 미조부치 앞
에서 마침내 포문을 열었다. 이토 히로부미가 저지른 15개항의 죄목이
었다.

1. 한국의 왕비를 살해한 죄

2. 1905년 11월 한국을 일본의 보호국으로 만든 죄

3. 1907년 정미 7조약을 강제로 맺게 한 죄

4. 한국의 황제를 폐위시킨 죄

5. 한국 군대를 해산시킨 죄

6. 무고한 사람들을 학살한 죄

7. 한국인의 권리를 박탈한 죄

8. 한국의 교과서를 불태운 죄

9. 한국인에게 신문 구독을 금지한 죄

10. 제일은행권을 강제로 발행한 죄

11. 국채 2300만 원의 빚을 지게 한 죄

일본 영사관이 있던 자리

옛 일본 영사관 지하 감방이 있던 자리

12. 동양평화를 깨뜨린 죄

13. 한국에 대한 일본의 보호정책을 호도한 죄

14. 일본 천황의 아버지인 고메이 천황을 죽인 죄

15. 일본과 세계를 속인 죄

이토 히로부미의 죄목을 일목요연하게 진술한 안중근은 가두선교 때의 일이 생각났다.

"만일 어떤 사람이 다른 사람을 죽였다고 합시다. 여기에 대한 시시비비를 가릴 때 놓쳐서는 안 될 것이 있습니다. 그에게 죄가 없다면 그만이고, 설령 죄가 있다면 그 사람만 다스리면 됩니다. 그러나 어떤 사람이 수천만 명을 죽였다면 어찌 한 사람 몫으로 그 죄를 다 갚았다고 할 수 있겠습니까? 반대로 어떤 사람이 수천만 명을 살렸다고 한다면 어찌 그 사람에게 상을 다 주었다고 하겠습니까?"

안중근 자신과 이토 히로부미를 두고 한 연설이었다. 이토 히로부미야말로 손에 피 한 방울 묻히지 않고, 다른 사람을 부추겨 죄를 범하도록 지시한(교사죄) 씻을 수 없는 범죄자였다.

안중근이 갇혔던 난강구 화위안지에 79번지로 향했다.

'1907년 3월 4일, 일본이 여기에 영사관을 설치했다. 1909년 10월 26일부터 11월 1일까지 안중근이 이등박문을 총살하고 잡혀와 이곳에 갇혔다.'

화원소학교로 바뀐 하얼빈 주재 일본 총영사관 지하 감방은 보일러실로 개조한 지 오래였다. 안중근은 이곳에서 7일간 취조를 받았다.

검찰 신문에서 이름과 출생지, 직업을 물었을 때다. 안중근은 잊었던 고향을 기억해냈다.

1879년 7월 16일 황해도 해주에서 태어난 안중근은 할아버지(안인수) 밑에서 자랐다. 진해현감을 지낸 할아버지는 성품이 어질고 가산이 풍부한 자산가였다. 가슴과 배에 일곱 개의 점이 있어 '응칠應七'로 불렸던 안중근은 할아버지를 잃고 크게 앓은 적이 있었다. 지금도 그때를 생각하면 눈에 눈물이 고였다. 할아버지로부터 받은 과분한 사랑을 잊을 수가 없었다.

독립운동의 길을 열어준 아버지는 아홉 살 때 사서삼경을 통달하고, 열네 살에 진사가 된 지혜로운 분이었다. 특히 안중근의 아버지는 가족 전체를 천주교로 인도한 그리스도인이었다.

하얼빈 주재 일본 총영사관은 안중근을 비롯해 수많은 독립투사들이 고문을 당했던 곳이다. '만주벌 호랑이'로 이름을 날린 김동삼은 단식투쟁으로 일제에 항거했고, 삼대독자를 신흥무관학교에 입학시켜 독립군으로 길러낸 남자현은 병보석으로 석방된 후 하얼빈공원 한인 공동묘지에 묻혔다.

1909년 11월 1일, 뤼순감옥으로 떠나는 아침이 밝아왔다. 안중근 일행은 온몸을 포박당한 채 승합차에 올랐다. 안중근, 우덕순, 조도선, 유동하, 정대호, 김형재, 탁공규, 김려수, 김성옥 등 아홉 명이었다.

하얼빈 역에서 기차로 갈아탈 때였다. 웬 러시아 여성의 분노 섞인 절규가 광장에 울려 퍼졌다.

"말해보라! 내 남편이 도대체 무얼 했다는 거냐? 원숭이 새끼들에

앙상한 나뭇가지에 홍등이 매달려 있다.

게 말해두는데, 내 남편을 무사히 돌려보내 주지 않으면 너희 섬나라를 산산이 바수어 바다의 쓰레기로 만들어줄 테다!"

조도선의 아내 모젤이었다. 우수리스크에서 달려온 모젤은 기차에 탑승하려는 남편을 향해 또 한 번 외쳤다.

"조도선 당신? 원숭이 새끼들에게 절대 져서는 안 돼요! 나는 언제까지라도 당신이 하얼빈으로 돌아올 때까지 기다릴 거예요. 알았어요?"

기차에 오른 안중근은 무의식적으로 차창 밖을 응시했다. 이토 히로부미에게 총을 겨눈 플랫폼이 시아에 들어왔다. 검찰 조사에서 미조부치는 일본 정치가들 중에 이토는 온건파에 속한다고 했지만, 안중근은 한 귀로 듣고 한 귀로 흘려버렸다. 나라를 빼앗긴 상황에서 온건하다는 말은 기회주의자라는 뜻으로 들렸다. 그는 한 마리 들쥐이거나

카멜레온에 불과했다.

뤼순으로 떠나는 호송열차가 출발을 알렸다. 안중근은 하얼빈에서 머문 열하루를 돌아보았다. 하얼빈은 자신의 인생에서 가장 긴장되는 순간이자, 가장 격정적인 장소였다. 안중근은 그렇게, 얼마 전 이토 히로부미가 거슬러왔던 길을 되밟아가는 중이었다.

그 시각 미조부치 검사는 하얼빈에 남아 안중근의 장남 분도가 진술한 청취서를 검토 중이었다. 뤼순으로 떠나기 전 미리 정리해둘 게 있었다.

"내 이름은 안우생(분도)입니다. 나이는 다섯 살입니다. 아버지 이름은 모릅니다."

분도를 담당한 일본 경찰관이 안중근의 사진을 꺼내 보여주었다.

"우리 아버지가 맞습니다. 우리 아버지는 손가락 하나가 없습니다. 그렇지만 아버지는 먼 곳으로 갔습니다. 며칠 전에 엄마가 아버지가 있는 곳으로 데려간다고 해서 따라왔습니다."

그로부터 며칠 후, 미조부치 검사는 김아려를 참고인으로 불렀다. 검사와 마주 앉은 김아려는 하얼빈행 기차에서 들은 이야기가 생각났다.

"글쎄 할빈에서 이등박문이 죽었대요."

"죽인 사람이 누구라던가요?"

"평양 사는 안 서방이라던가."

"칼로 쳤대요? 총으로 쏘았대요?"

"총으로 쏘았다네요."

"이등박문을 쏜 사람은 잡혔대요?"

"그게 글쎄, 이등박문을 쏘고 나서 만세를 외쳤다지 뭐요."

김아려를 영사관으로 부른 미조부치 검사는 두 개의 문서를 책상 위에 펼쳐놓았다. 분도의 청취서와 영사관에서 찍은 안중근 사진이었다. 김아려는 고개를 내저었다. 김성백의 집에서 들은 말이 있었다. 안중근과 부부라는 사실을 절대 밝혀서는 안 된다는. 미조부치 검사도 더는 캐묻지 않았다. 이토 히로부미의 죄목을 열거할 때 안중근의 주변 조사는 큰 의미가 없었다.

참고인 조사를 마칠 즈음 김아려는 자못 의연한 자세로 입을 열었다. 일본 검사에게 들려줄 말이 있었다.

"모르셨습니까? 집안 살림을 하는 아녀자는 지아비의 바깥일에 관여하지 않는 게 우리나라의 오랜 풍습입니다."

창춘

● 열두 번째 발걸음 ●

외로운 하룻밤

옛 창춘 역사

안중근 일행이 탄 호송열차에는 일본 헌병 열두 명과 러시아 헌병 열세 명이 함께 있었다. 일본 헌병대 소속 치바 도시치는 그때의 상황을 기록으로 남겼다.

사건의 주요 혐의자를 호송하는 만큼 모두 신경을 곤두세웠다. 호송 도중에 어떤 방해가 있을지 모르고, 혐의자 중 누군가 자살 소동이라도 벌인다면 상황은 더욱 심각해질 수 있기 때문이다. 그래서 호송 임무는 예상했던 것보다 훨씬 엄격하고 힘들었다.

이날은 혐의자들을 창춘까지 호송해야 했다. 하얼빈에서 창춘까지 가는 열차는 동청철도 소속으로 러시아 관할이고, 철로의 폭도 일본의 만주철도보다 넓었다. 그래서 뤼순까지 가기 위해서는 창춘에서 갈아타야 한다. 이토도 여기서 러시아 측에서 내준 특별열차로 갈아탔다. 그때의 이토 모습을 떠올리면서 그날 밤은 창춘 헌병대에서 묵었다.

지린성 창춘은 일제에게 노른자 땅이었다. 1931년 9월 일본군은 랴오닝성 류탸오후에서 만주철도를 폭파한 뒤, 중국 측 소행이라며 발표했다. 만주사변을 염두에 둔 일종의 자작극이었다. 군사 행동에 나선 일제는 대동아 공영을 기치로 창춘에 만주국을 세웠다.

만주국 황제 옹립도 한국과 판박이로 진행되었다. 고종을 퇴위시킨 자리에 순종을 옹립한 일제는 만주국 황제 자리에 두 살짜리 푸이를 등극시켰다. 발 빠른 한국의 친일파들도 속속 창춘으로 모여들었다. 일본, 중국, 한국, 몽골, 만주족이 화합하여 만주에 이상 국가를 건설한다는 '오족협화五族協和'였다. 다섯 민족이 구미 제국주의를 막아내고 아시아인의 번영을 이루자는……

안중근을 담당한 미조부치 다카오 검사도 비슷한 말을 했었다.

"이토는 한국이 스스로 독립할 수 없다는 사실을 오래전부터 알고 있었다. 중국은 말할 것도 없고, 러시아에 대항할 힘조차 없는 한국을 그대로 방치한다면 한국은 망할 수밖에 없다. 때문에 이토는 자신이 실현코자 하는 대동아 공영에 해가 된다는 걸 알고 한국을 보호하려는 것이다. 물론 한국을 보호한 성과가 있는지 없는지, 지금은 모른다. 어쩌면 그건 이후에 나타날 역사가 증명할 것이다."

그러나 안중근은 아무런 대꾸도 하지 않았다. 이토는 이제 저세상 사람이었다.

창춘 역은 이토 히로부미의 첫 번째 거사 장소로 지목된 곳이다. 관동군 사령부는 창춘 역에서 멀지 않은 곳에 있었다. 런민다지에人民大街를 따라 반시간 남짓 걸어가자 일본식 3층 건물이 모습을 드러냈다. 안중근 일행이 하룻밤을 보낸 헌병대 본부는 사령부 건물 옆에 있었다.

창춘 새 역사

옛 관동군 사령부로 쓰인 지린성 인민위원회 건물

중국 공산당 지린성 인민위원회 건물로 바뀐 관동군 사령부는 주변 경비가 무척 삼엄했다. 정문을 지키는 경비병은 물론이고, 담장 위에 설치한 철조망 사이로 수십 대의 감시 카메라가 작동 중이었다. 마치 적의 병참기지 안으로 들어온 기분이었다.

　새벽 늦게 잠을 청한 안중근은 부상당한 꿈을 꾸었다. 동무들과 산에 올라 노루 사냥을 하는데 탄환이 총구멍에 걸리고 말았다. 밖으로 빼낼 수도 없고, 안으로 들이밀 수도 없는 상황이었다. 진땀을 뻘뻘 흘리며 쇠꼬챙이로 막힌 총구멍을 뚫을 때였다. 꽝! 하고 터지는 소리에 정신을 잃고 말았다. 오른손 팔에서 피가 철철 흘렀다.

　힘겹게 눈을 뜬 아침은 또 하얼빈 사건으로 끌려온 동지들 때문에 괴로웠다. 앞으로 3년 안에 이토 히로부미를 처단하지 못하면 스스로 목숨을 끊겠다고 선언했지만, 오늘 아침은 반성과 자책뿐이었다. 차가운 마룻바닥에 무릎을 꿇은 안중근은 십자성호를 그었다. 더는 동지들이 고초를 당하지 않길 바라는 마음에서였다.

　창춘 역에서 갈아탄 기차는 이십여 분 후 낯선 역에 정차했다. 플랫폼을 지키고 있던 일본 경찰이 객실로 뛰어 들어와 안중근의 얼굴을 가격했다. 갑작스러운 봉변에 화가 난 안중근도 일본 경찰을 향해 욕설을 퍼부었다. 호송차 안에서 이런 일이 벌어질 거라곤 상상조차 못했다.

　"다친 데는 없소?"

　"괜찮소."

　"일본인이건 한국인이건 좋지 못한 사람들이 가끔 있으니 너무 언짢아 마시오."

일본 경찰을 밖으로 끌어낸 헌병 장교였다. 장교가 먼저 사과를 하자 안중근도 닫혔던 마음이 풀렸다.

"그대의 말이 맞소. 사소한 일로 화를 내는 건 사내답지 못하거니와 부끄러운 일이오."

이와 비슷한 역지사지의 광경을 목격한 건 2009년 가을이었다. 이토 히로부미가 쓰러진 하얼빈 역 플랫폼에서 일본인 노부부가 애도를 표하고 있었다. 말을 붙여볼까 하다 그만두었다. 우리에게 뤼순감옥이 안중근을 추모하는 장소라면, 일본인에게 하얼빈 역은 이토를 추모하는 장소일 수도 있겠다는 생각이 들었다.

2015년 2월 8일은 정반대의 일이 벌어졌다. 뮤지컬 〈영웅〉이 하얼빈에서 첫 공연을 하는 날이었다. 1600석을 꽉 채운 환치우극장은 안중근의 열기로 후끈 달아올랐다.

뮤지컬 〈영웅〉, 하얼빈에 서다.

장내를 비추던 조명이 일제히 꺼졌다. 컴컴한 어둠 속에서 열차의 굉음이 울려 퍼질 즈음 탕! 탕! 탕! 세 발의 총성과 함께 배우들이 등장했다.

타국의 태양 광활한 대지 우린 어디에 있나
잊어야 하나 잊을 수 있나 꿈에 그리던 고향
장부가 세상에 태어나 큰 뜻을 품었으니
죽어도 그 뜻 잊지 말자 하늘에 대고 맹세해본다
누가 죄인인가 누가 죄인인가
그대는 다롄을 떠나 하얼빈으로 향하고
나는 블라디보스토크를 떠나 하얼빈으로 향하는
우리의 목적지는 같았지만 목표는 달랐다
말해보라 누가 죄인인가 누가 죄인인가
두려운 앞날 우린 용기를 내어 걸어가리라
눈물 삼켜 한숨을 지우고 다시 걸어가리라

객석을 가득 메운 중국인들의 반응이 놀라웠다. 엄지를 치켜세운 그들은 안중근에게 감사하다고 했다.

"그런데 궁금한 게 있어요. 도마가 뭐죠?"

종교 활동이 자유롭지 못한 중국인들에게 안중근의 세례명은 암호처럼 들릴 수도 있었다. 간단히 설명을 하자 그새 표정들이 밝아졌다.

울창한 자작나무 숲 망국의 땅

우리는 모였다

간절히 기도하는 마음으로 뜨거운 심장으로

귀 기울여 들어봐요 이 소리를

나를 일으키는 이 바람

얼어붙은 심장을 녹이는 이 뜨거운 바람

기적 소리가 우리의 심장을 고동치게 하리니

조국을 향한 그리운 마음 눈시울이 뜨겁다

북간도

● 열세 번째 발걸음 ●

발길을 돌리다

용정 기차역

1907년 어느 봄날, 집으로 손님이 찾아왔다. 돌아가신 안중근 부친과 잘 아는 분이었다.

"자네의 기개가 안타까워 이렇게 찾아왔네."

김 진사의 말에 안중근은 잠자코 기다렸다. 지나는 길에 찾아온 것 같지는 않았다.

"나라가 이같이 위태로운 때에 어찌 앉아만 있는가. 이럴 때일수록 자네 같은 사람이 나서야 하지 않겠나?"

"선생님께서 생각하시는 좋은 계책이라도 있으신지요?"

"지금 북간도와 연해주 등지에 한국인 백만여 명이 살고 있네. 그곳으로 가서 자네의 힘찬 재주를 펼쳐보는 것이 어떻겠는가?"

"감사합니다, 선생님. 선생님께서 가르쳐주신 대로 따르겠습니다."

그해 9월 안중근은 급히 행장을 꾸렸다. 국권회복을 위한 길이라면 망설일 이유가 없었다.

북간도 용정에 도착한 안중근은 이상설이 설립한 서전서숙을 찾아갔다. 그런데 학교 분위기가 곧 이사를 할 것처럼 어수선해 보였다.

한 달 전 용정에 설치한 간도 파출소가 그 주범이었다. 일본은 서전서숙을 매수하는 조건으로 매월 20원씩 보조금을 주겠다며 회유 중이었다. 북간도에 한인 학교가 들어서는 걸 차단하려는 속셈이었다.

'정녕 이것이 이토 히로부미가 말한 한국인 보호 정책이란 말인가? 학생들의 유학을 금지하고, 교과서를 불태우고, 학교 문까지 닫게 만드는……'

안중근은 끓어오르는 분노를 참을 수가 없었다. 용정에서 가까운 투도구, 개산툰, 연길, 조양천도 사정은 마찬가지였다. 북간도로 이주한 한국인을 보호한다는 구실로 간도 파출소를 설치한 일본은 눈 가리고 아웅 하는 식이었다. 가는 곳마다 일본 군대와 일본 경찰이 진을 치고 있었다.

일제의 방해로 개교 1년 만에 문을 닫은 서전서숙 터에는 현재 용정 실험소학교가 들어섰다. '서전서숙 기념 나무' 팻말이 정겨웠다.

'조선족 학교의 시작과 함께 이곳에 뿌리내린 이 나무는 역사의 견증으로 이상설의 업적을 길이 전해가고 있다.'

한 그루 비술나무는 서전서숙과 함께 걸어온 북간도 교육의 산증인이랄까? 서전서숙을 시작으로 창동, 정동, 광성, 명동학교가 설립되었다. 이상설 기념관은 윤동주 시인의 모교인 옛 대성중학교 건물 옆에 따로 있다.

용정 시가지를 벗어나 명동촌으로 향했다. 2차선 도로변에 세 개의 바위가 우뚝 서 있다. 중국 사람들은 선바위를 '부걸라재'라고 불렀다. 만주어로 비둘기 바위라는 뜻이다.

용정 시가지 전경

서전서숙 옛터

선바위

명동학교 학생들의 소풍 장소로 알려진 선바위가 유명세를 탄 건 안중근 때문이었다. 북간도에서 석 달을 보낸 안중근은 선바위 뒷산에 올라 사격 연습을 하곤 했다. 선바위 뒷산에서 오랑캐령을 넘으면 함경북도 회령에 닿는데, 안중근에게 회령은 회한의 땅이었다. 일본군 포로를 살려 보내면서 스스로를 고립시키는 결과를 초래해서다.

윤동주 생가가 있는 명동촌을 둘러본 뒤 용정 시내로 다시 나가는 길이었다. 15만 원 탈취 현장을 알리는 동량리 이정표가 보였다.

1920년 1월 4일, 조선총독부가 회령에서 용정으로 은행 돈을 수송한다는 정보를 입수한 철혈광복단은 동량리 어귀에 매복했다. 당시 15만 원은 독립군 5000명을 무장시킬 꽤 큰돈이었다. 하지만 15만 원 탈취 사건은 무기를 구입하는 과정에서 발목이 잡혔다. 안중근과 의형제를 맺은 엄인섭이 블라디보스토크에서 친일단체 간부로 활동하고 있었다. 윤준희, 최이붕 등 네 명은 엄인섭의 밀고로 서대문형무소에서 사형에 처해지고 말았다. 15만 원 탈취 사건은 〈좋은 놈, 나쁜 놈, 이상한 놈〉이라는 영화에서 소재로 삼기도 했다.

이처럼 용정은 만주 항일운동의 중심지로 널리 알려져 있다. 3·1운동의 불씨를 지핀 서전대야, 〈용정의 노래〉로 시작된 가곡 〈선구자〉, 연변 지역 최초로 신학문 교육을 시작한 서전서숙, 3·13 반일의사 묘지, 15만 원 탈취 의거지……. 임시정부가 있던 상하이 쪽에서 암살과 테러를 주도했다면, 만주는 무장한 독립군들이 전쟁을 치렀던 곳이다. 봉오동 전투와 청산리 전투가 북간도에서 벌어졌다.

용정에서 만난 칠십대 중반의 조선족은 자신의 학창 시절을 매우

권하촌 거주지

자랑스럽게 여겼다.

"우린 교과서로 수업하지 않았소. 김약연, 나철, 윤세복, 이상설, 김동삼, 이동휘, 이동녕, 이범석, 이회영, 홍범도, 안중근, 김좌진, 서일, 이청천, 신팔균, 양림, 윤준희, 최봉설, 윤동주, 송몽규, 문익환……. 몸소 배우고 간직해야 할 인물들이 차고 넘쳤단 말이지. 우린 한반도에서 온 민족이므로 항일지사들의 불굴의 의지를 목숨처럼 지켜내야 한다고 담임교원이 골수에 단단히 박아주었소. 왜놈들이 주시하는 판에도 국치일(1910년 8월 29일)이면 교실에 태극기를 걸어놓고 수업했소."

일본 영사관을 끝으로 훈춘행 버스에 올랐다. 중국 지린성 동쪽에 위치한 훈춘은 발해국 동경용원부가 설치된 곳이다. 발해에서 일본으로 가는 배가 포시에트 항에서 출발했는데, 크게 달라진 건 없어 보였

세 나라 국경이 맞닿은 방천

다. 크라스키노에서 하얼빈으로 떠난 안중근도 포시에트에서 증기선을 타지 않았던가.

오후 3시경 훈춘에 도착해 세 나라(중국·북한·러시아) 국경이 얼굴을 맞댄 방천으로 거슬러 올랐다. 두만강변에 있는 권하촌 마을로 들어서자 '안중근 생애'를 새긴 기념비가 보였다.

한적한 초가 마루에 안중근 영정이 걸려 있고, 방 안에는 허름한 옷장과 철제침대가 놓여 있었다.

해외에서 지낼 때 안중근은 일정한 거처가 없었다. 1905년 10월부터 1909년 10월까지, 찾아다닌 곳만도 서른 곳이 넘었다. 호주머니에 돈이 떨어지면 안중근은 무작정 안씨 성을 가진 동포들을 찾아가 신세를 지곤 했다. 훈춘시 권하촌도 그중 하나로 보였다.

방천 국경 기념 조형물

　권하촌에서 방천은 차로 십 분 거리. 세 나라 국경을 한눈에 볼 수
있는 전망대에 올라서자, 러시아 최남단 핫산 역이 얼굴을 드러냈다.
핫산에서 단지동맹 기념비가 세워진 크라스키노까지는 불과 40킬로
미터, 300명의 의병을 거느린 우군영장 안중근의 모습이 파노라마처
럼 스쳐 갔다. 핫산에서 북한으로 연결된 두만강 철교가 바로 코앞이
었다.

뤼순

● 열네 번째 발걸음 ●

위국헌신 군인본분

뤼순 항 표지석

안중근과 우덕순이 블라디보스토크에서 장도에 오를 때다. 뤼순 항에 상륙한 이토 히로부미는 얼링산을 참배했다. 러시아군 5000여 명, 일본군 1만여 명이 전사한 얼링산 203고지는 러일전쟁 당시 전투가 가장 치열했던 곳이다.

참배를 마친 이토 히로부미는 다롄으로 떠났다. 환영 만찬회에 참석한 그는 동양평화를 주제로 연설했다.

> 오늘날 동양이 불안한 이유는 만주의 치안이 불안한 탓이다. 이에 일본이 만주의 치안을 담당하게 되면 러시아와 중국도 안전해질 뿐 아니라, 교역의 발달로 경제성장에도 힘이 될 수 있다. 때문에 일본은 동양평화의 출발선에 서 있다고 할 수 있다.

이토 히로부미의 다롄 연설은 섬나라 일본이 두 전쟁(청·일, 러·일)에서 승리한 전리품이었다. 하얼빈으로 향하는 귀빈열차에서 이토는 한 편의 시를 짓기도 했다.

'만리 평원 남만주/ 풍광은 원대하고 천하에 가을이 걸려 있네/ 전

쟁의 흔적은 여전히 분노를 갖고/ 여행자에게 어두운 근심으로 깃드네'

그러나 이토 히로부미의 야욕은 오래가지 못했다. 하얼빈에서 기다리고 있던 안중근의 저격으로 한순간에 무너졌다.

하얼빈에서 다롄은 991킬로미터. 뤼순을 가려면 다롄에서 차를 갈아타야 한다.

중국 해군기지가 들어선 뤼순은 외국인 접근이 상당히 까다로웠다. 경찰서를 방문해 '외국인 숙박 허가서'를 받아야 했다. 항구가 내려다보이는 언덕에 숙소를 정한 뒤 뤼순 역으로 나갔다.

안중근에게 뤼순은 꿈의 도시였다. 뤼순 항을 개방해 중국·러시아·일본 3국의 대표를 구성한 다음 동양평화의 출발점으로 삼고자 했다. 공동 출자에 의한 재정 확보와 3국 청년들로 구성된 합동 부대 등 구체적인 방안도 제시해놓았다. 이를 실현하기 위해서는 일본의 침략전쟁부터 막아야 했다.

제정 러시아가 건설한 뤼순 역은 지금도 기차가 운행 중이었다. 하얼빈에서 압송된 안중근은 1909년 11월 3일 뤼순 역에 내렸다. 밖을 내다볼 수 없도록 제작된 호송마차에 오른 안중근은 눈을 감았다. 온몸을 결박당한 채 끌려온 터라 몹시 지쳐 있었다.

뤼순감옥 특별 감방에 수감된 안중근은 저들의 행동을 오히려 의아스럽게 여겼다. 뤼순감옥에서 일하는 간수들이 너무 깍듯이 대해주었다.

'이것이 꿈인가 생시인가? 같은 일본인이 분명한데 어찌 이처럼 다를 수 있단 말인가? 한국에 와 있는 일본인들은 교활하기 이를 데 없는

다롄 러시아 거리

뤼순 기차역

데, 뤼순에 있는 일본인들은 왜 이렇게 어질고 후한 것일까? 한국과 뤼순에 있는 일본인의 종자가 다른가? 아니면 풍토와 풍속이 달라서 그런가? 한국에 있는 일본인들은 극악한 이토를 닮아 그렇고, 뤼순에 있는 일본인들은 법원과 검찰청 관료들이 인자해 스스로 감화된 것인가……?'

참으로 알 수 없는 일이었다. 일본군 포로 석방 문제로 적잖은 곤욕을 치렀고, 일본인을 직접 혼내준 적도 있었다.

서울에서 만난 친구들과 거리를 산책하고 있었다. 일본인이 갑자기 튀어나와 한국 사람이 타고 가는 말을 빼앗으려고 했다. 부아가 치민 안중근은 큰 소리로 호통을 쳤다.

"왜놈 주제에 감히 남의 땅에서 행패를 부려?"

그자의 멱살을 틀어쥔 안중근은 권총을 꺼내 복부를 겨누었다.

"어찌하겠느냐? 빼앗은 말을 주인에게 다시 돌려주면 용서하겠지만, 그렇지 않을 땐 네놈을 당장 죽일 것이다."

주위에 일본인이 여럿 모여 있었지만 섣불리 나서는 사람은 없었다. 안중근이 권총을 뽑아든 순간 모두 입을 다물었다.

"제가 잘못했습니다. 한 번만 용서해주십시오."

그런데 감옥은 왜 이러는 걸까? 여전히 친절하고, 여전히 조용했다. 특별 감방에 수감된 지 열흘이 다 지나도록 아무런 조사도 받지 않았다. 바깥소식을 알 수 없는 안중근은 묵상기도로 나날을 보냈다. 저들의 침묵이 길어진다는 건 결코 좋은 징조는 아니었다. 음모는 늘 조용한 가운데 이뤄지지 않던가.

뤼순감옥

붉은색 건물은 러시아가, 회색 건물은 일본이 지었다.

뤼순감옥을 둘러싼 담장

감옥 내부

뤼순감옥은 건물 색상에서 러일전쟁의 흔적이 고스란히 남아 있다. 1902년부터 짓기 시작한 붉은색 벽돌 건물은 러시아가, 회색 건물은 일본이 증축을 거쳐 1907년 완공했다. 관동도독부 감옥서, 관동청 감옥, 관동청 형무소로 불리다가 1939년 지금의 뤼순감옥으로 바뀌었다.

총 275개 감방에 2000여 명을 수용하는 뤼순감옥은 만주에서 규모가 가장 크게 지어졌다. 안중근은 1.5평 크기의 특별 독방에 수감되었다. 처우도 환대에 가까웠다. 매주 목욕을 하였고, 하루 두 차례 사무실에서 불러 가보면 고급 담배와 서양과자가 놓여 있었다. 우유는 안중근의 통역을 담당하는 소노키 스에키가 직접 들고 왔다.

미조부치 검사의 취조 방식도 예전과 달랐다. 하얼빈에서 조사받을 때만 해도 안중근의 답변은 크게 세 가지였다. 가족관계를 물으면 "없다", 조력자나 공범을 추궁하면 "모른다", 이토 히로부미에 대해서는 "그렇다".

뤼순감옥에 수감된 뒤로는 검찰 신문이 토론하듯 진행되었다.

"일본의 근세사를 읽어본 적 있는가?"

"서적과 신문을 통해 공부한 적 있다."

"이토가 어떤 일을 했는지도 알고 있는가?"

"이토에 내해서는 두 가시로 말해야 할 섯 같다. 이토의 동양평화는 옳지만, 한국의 독립 보장은 믿을 수 없다."

"이토도 예전에는 그대가 가진 생각과 크게 다르지 않았다. 배외사상이 너무 강한 나머지 집안의 어른을 죽이려고까지 했는데, 서양에 나가 그들의 문명을 보고는 생각을 고쳤다고 한다."

안중근이 수감되었던 독방

독방 전경

"이토의 유학 시절을 말하는 건가?"

"그렇다. 함께 유학을 떠난 친구들과 영국에서 머물 때였다.《타임스》신문에 영국·미국·프랑스·네덜란드가 함대를 편성해 일본의 시모노세키를 침공한다는 기사가 실렸었다. 학업을 중단한 채 일본으로 돌아온 이토는 갖은 수모를 당해야 했다. 전쟁을 만류한 죄로 변절자 소리를 들었고, 이토를 죽이려는 일까지 벌어졌다."

"자기의 조국을 전쟁에서 지키려는 마음은 누구나 같지 않을까? 만약 일본이 한국을 침략하지 않았다면 내가 왜 이토를 죽였겠는가. 일본도 결국 시모노세키를 침공하려고 했던 네덜란드와 첫 무역거래를 하지 않았나."

"일청전쟁과 일러전쟁은 동양평화를 위한 것이라는 일본의 선언에 대해 어떻게 생각하는가?"

"나는 일본의 선언을 믿지 않는다. 을사조약과 정미 7조약을 지켜보면서 결심이 더욱 굳어졌다."

"한일협약도 한국의 독립을 도모하기 위한 선언이 아닌가?"

하지만 안중근은 수긍하지 않았다. 소작농 출신의 아들로 태어난 이토 히로부미의 지난 시절은 이해가 되지만, 을사늑약은 별개의 문제였다. 일제의 강압으로 두 조약이 체결되면서 한국은 모든 걸 잃고 말았다.

"내가 말하고 싶은 것은 이토의 진정성이다. 일본은 왜 박영효 같은 인물을 조약에 찬성하지 않는다며 제주도로 유배시키고, 이완용·송병준·이지용·권중현 따위를 내각에 두려 하는가. 이것이야말로 한국의 독립을 무력으로 제압하려는 일본의 저의가 아닌가?"

"그것은 그대가 잘못 생각하고 있다. 우리 일본은 한국 황실의 선언에 기초하여 보호 정책을 시행하고 있는 것이다. 하여 한국 국민이 황실에 불평하는 건 도리에 어긋난 일이라고 본다."

"절대 그렇지 않다. 황실에 반기를 드는 건 잘못된 행동이지만, 국민이라면 누구나 자신의 의견을 당당히 밝힐 줄 알아야 한다. 그것이 국민의 권리요, 주권이기 때문이다."

"이상설·이준·이위종이 헤이그 만국평화회의에서 한국의 독립을 주장한 바 있다. 하지만 세계열강은 일본의 통감정치를 폐지해달라는 한국 파견단의 제의를 받아들이지 않았다. 이 사실도 알고 있는가?"

"만국평화회의 도중에 폐회가 되었을 뿐, 각하가 된 건 아니다. 한국 대표단이 독립을 제의하자 각국 대표들도 다음 기회에 협의키로 의견을 모으지 않았나."

"그런데 왜 2년이 지난 지금 세계열강은 한국의 독립에 대해 아무런 말이 없는가. 세계 각국은 이토가 피살된 후 동양평화의 주창자를 잃었다며 애도를 표하고 있다. 특히 한국에서는 이토의 죽음이 한국의 미래를 그르칠 것이라는 말까지 나오고 있다. 여기에 대해서도 알고 있는가?"

"보다시피 난 외부와 차단되어 있다. 그렇지만 분명한 사실은, 이토로 말미암아 동양평화가 점점 더 수렁 속으로 빠져들고 있다는 것이다. 세계열강을 보라. 일본이 주창하는 동양평화를 기회로 삼아 서로 편승하려 하지 않은가."

장시간에 걸쳐 진행된 검찰 신문은 열띤 논쟁으로 이어졌다. 물론 안중근은 그 어떤 순간에도 중심을 잃지 않았다. 일제에 침략당한 한국을 구해야 한다는 일념으로 검찰 신문에 임했다.

　진남포를 떠난 지 꼭 엿새 만이었다. 뤼순에 도착한 안정근과 안공근은 관동도독부 지방법원에 출두했다. 안중근을 면회하기 전 조사할 것이 있다며 집으로 소환장이 날아왔다.

　간단한 검찰 조사를 마치고 나자 특별면회가 주어졌다.

　"그동안 잘 지냈느냐? 이게 얼마 만인지 모르겠구나."

　안중근은 두 동생의 손을 부여잡았다. 정근은 스물넷, 공근은 갓 스무 살이었다.

　"어머니는 어떠시냐?"

　"형님 소식을 듣고는 더욱 의연하십니다."

　"어머니께는 드릴 말씀이 없구나. 집안의 장남으로 태어나 나랏일에만 뛰어다녔으니 송구할 따름이다. 나를 대신해 너희들이 잘 모셔야 한다."

　"염려 마십시오. 어머니는 오히려 형님을 더 걱정하십니다."

　정근의 말에 안중근은 울컥, 목이 메었다. 어머니를 생각하면 막심한 불효자였다.

　"그런데요, 형님. 검찰관이 참 좋은 것 같습니다."

　"어째서 말이냐?"

　"미조부치 검사가 이런 말을 하지 않겠습니까. 앞으로 형님과 특별면회를 자주 시켜줄 테니 좋은 대화를 나누라고요. 형님의 잘못을 인정하면 좋은 결과가 나올 수도 있다고 했습니다."

　"나는 그럴 생각이 조금도 없으니 변호사부터 알아보아라. 반드시 한국인 변호사여야 한다. 일본 관헌들이 우리말을 통역하는데 애를 먹었다."

"안 그래도 어머니께서 말씀하셨습니다. 변호사를 알아보고 있으니 너무 염려치 마시라고요."

면회를 마치고 나온 안정근은 평양에 있는 안병찬 변호사에게 전보를 띄웠다.

어머니가 말한 안병찬 변호사는 반골 기질이 강했다. 을사늑약 때는 을사오적을 처단하라는 상소를 올렸다가 구속되었고, 검사 재임 시절에는 "일본 놈들 세상에서 내가 어찌 관리로 살 수 있겠냐"며 자리를 박차고 나온 인물이었다.

안중근을 변호할 한국인 변호사가 정해지자 일본 경찰의 감시도 더욱 강화되었다. 평양을 출발해 뤼순으로 가려던 안병찬은 그만 어이가 없었다. 기차역까지 따라붙은 일본 경찰이 손에 든 서류가방을 빼앗으려고 했다.

"이 무슨 해괴한 짓이냐! 법률에 따라 움직이는 변호사를 가로막을 수 있다고 생각하는가? 잘못은 무지한 일본국이 저지르고 있으니 이 점을 먼저 부끄러워해야 할 것이다. 기본적인 법률조차 모른다면 이 얼마나 수치스러운 일이더냐!"

안병찬의 기세에 주춤하던 경찰은 세 명의 일본 헌병을 달려 보냈다.

'저건 또 무엇인가! 일본이 말하는 보호인가? 아니면 감시인가?'

안병찬은 우습다 못해 헛웃음이 나왔다. 저따위 국가를 대국으로 모시는 을사오적들이 한심스러웠다. 일본 헌병은 여관까지 쫓아와 문

앞을 지키고 있었다.

뤼순에 도착한 안병찬은 안중근의 두 동생부터 만났다. 정근과 공근은 뤼순에 방을 얻어 지내고 있었다.

"변호사님께 전보를 친 안정근이라고 합니다."

"고생들이 많구나. 그래 형님은 어떠시냐? 상한 데는 없으시더냐?"

"일이 좀 어렵게 됐습니다. 미조부치 검사가 글쎄, 한국인 변호사는 형님의 변호를 맡을 수 없다지 뭡니까."

"나한테 전보를 보낼 때는 된다고 하지 않았더냐. 그사이 저들의 태도가 바뀌었단 말이냐?"

먼 길을 달려온 안병찬은 불길한 예감이 들었다. 한국인 변호사를 거절한다는 건 일본 정부가 막후에서 움직이고 있다는 뜻이었다.

다음 날 아침 지방법원을 찾은 안병찬은 어안이 벙벙했다. 변호인 선임계를 제출하려다 거절당한 것이다.

"한국에서 변호사가 온다는 소식을 듣고 안중근의 태도가 갑자기 바뀌었다. 수감자의 말투가 거칠어지고, 괜한 자신감에 차 있다."

"변호인 선임계를 거절하는 이유가 그것인가?"

"우리로서는 그렇다."

빌어먹을! 어느 정도 예상은 했지만 말문이 막혔다.

안중근을 면회하려던 안병찬은 순서를 바꿔 미조부치 검사를 찾아갔다.

"한국인 변호사를 요청한 건 일본 측이다. 그런데 도착해보니 선임계를 받아주지 않았다."

"일본 법정에서 재판은 일본어만 사용하기 때문에, 한국인 변호사를 허가하지 않기로 결정했다."

"그런 이유라면 시간을 좀 달라. 한국인 변호사 중에 일본어를 잘하는 사람이 있으니 곧 불러오도록 하겠다."

"……."

"왜 대답이 없는가? 같은 법률가로서 무례를 범할 생각인가?"

하지만 미조부치는 입을 꾹 다문 채 자리를 피해버렸다. 검사실을 나온 안병찬은 고등법원장실로 향했다. 하얼빈 사건은 안중근 한 개인의 재판이 아니었다. 영국, 러시아, 스페인 국적의 변호사들이 뤼순을 향해 오고 있었다.

안병찬이 독대한 히라이시 법원장도 꿀 먹은 벙어리처럼 말이 없었다. 화가 난 안병찬은 독설을 퍼부었다. 일본을 향한 충고였다.

"그동안 일본은 오늘과 같은 불법을 한국인들에게 번번이 들씌웠다. 법률을 다루는 변호인으로서 이러한 불법을 도저히 용서할 수 없다. 만약 이번 재판에서 한국 변호사의 변호를 거절한다면 한국인들의 격분은 날로 커질 것이다. 또한 몇 천, 몇 만의 안중근이 생겨날지 알 수 없다."

숙소로 돌아온 안병찬은 식민지의 아들로 살아가는 게 원망스러웠다. 안중근을 면회하고 온 두 동생의 말은 더욱 절망적이었다.

"형님은 벌써 마음을 굳힌 듯 보였습니다. 이런 나를 변호해 무엇 하겠느냐며 눈시울을 붉히셨습니다."

"다른 말은 없었더냐?"

"외국인 변호사들은 형님을 위해 오고 있는데, 정작 한국인 변호사는 없다면서 한동안 말을 잇지 못했습니다."

피를 토하는 심정으로 두 동생의 이야기를 전해 들은 안병찬은 다음 날, 안중근을 면회했다.

"어디 불편한 곳이라도 있으십니까? 안색이 많이 안 좋으십니다."

"아닙니다. 안 동지께 그저 미안할 뿐입니다. 안 동지께서 원하셨던 한국인 변호가 왜놈들의 농간으로 그만 막히고 말았습니다."

"저는 괜찮습니다. 하얼빈에서 뤼순으로 넘어올 때 각오한 일이었고요. 조국을 잃은 사내가 외로운 싸움도 해봐야지 않겠습니까. 모든 건 천주님께 맡길 생각입니다."

서로 할 말은 많지만 주어진 면회 시간은 금세 지나갔다. 면회실을 나서던 안병찬은 뤼순에 남겠다는 뜻을 내비쳤다.

"내 비록 안 동지를 위해 변호할 수는 없지만, 끝까지 남아서 저놈들의 재판을 지켜볼 것입니다. 그러니 힘내셔야 합니다."

"고맙습니다, 선생님."

그리고 며칠 후,《대동공보》가 주선한 영국인 변호사 더글러스와 러시아인 변호사 미하일로프가 안중근을 면회했다. 두 변호사 역시 거세게 항의를 했지만 관동법원 측은 그들의 선임계를 끝내 받아주지 않았다.

면회 시간이 끝나갈 즈음 영국 국적의 더글러스 변호사가 새로운 사실을 알려주었다.

"문명국가를 외치는 일본이 좋지 않은 움직임을 보이고 있소. 히라이시 고등법원장이 도쿄로 불려갔다지 뭐요."

"그게 언제였소?"

"정확한 날짜는 확인해봐야 알겠지만 십여 일 전이라고 들었소."

"십여 일 전이 맞는 것 같소."

"뭔가 짐작되는 게 있소?"

안중근은 당시의 상황을 《안응칠 역사》에 자세히 써놓았다.

검찰관이 심문을 하는데 그의 말투와 행동이 전과 달랐다. 억지를 부리
고, 나를 능멸하는 태도까지 보였다. 검찰관의 사상이 변한 걸까? 아니면
외부의 손길이 미친 걸까? 너무 갑작스러운 변화에 내가 한마디했다.

"일본이 비록 백만의 정예병과 천만 문의 대포를 갖추었다 해도, 안중근
의 목숨 하나 죽일 권력 말고 다른 권력은 없다. 사람이 이 세상에 태어
나 한 번 죽으면 그만인데 무엇을 더 근심하겠는가. 나는 다시 대답하지
않을 것이니 마음대로 하라."

이때부터 재판도 틀림없이 그릇된 판결이 날 것 같은 생각이 들었다. 더
구나 말할 권리마저 금지되어 있어 내가 목적했던 의견도 진술할 방법
이 없었다. 모든 사실을 감추고 또 속이는 기색이 분명했다.

안중근의 예상은 빗나가지 않았다. 관동법원 측은 일본인 관선 변
호사 두 명으로 재판을 진행한다는 소식을 전해왔다.

1910년 2월 7일, 첫 재판이 열리는 날이다. 옷을 갈아입은 안중근
은 감방 마룻바닥에 무릎을 꿇었다. 외로운 싸움이 기다리고 있었다.
기도를 마친 안중근은 굳은 표정으로 감옥 문을 나섰다.

뤼순감옥에서 관동법원으로 가는 길은 바람이 거세게 불었다. 인
도에 내걸린 현수막들이 찢길 듯이 펄럭였다. 안중근은 이 길을 특수

제작한 호송마차에 실려 여섯 차례 오갔다.

플라타너스 가로수를 따라 이십 분쯤 걸었을 때다. 동항東港 방면으로 이어지는 길목에 관동법원 유적지를 알리는 표지판이 보였다. 법원 건물 왼편에 뤼순 인민병원이 들어와 있었다.

1층 전시관부터 관람했다. 재판 과정을 담은 흑백사진을 물끄러미 지켜보았다. 법정 맨 앞줄에 안중근·우덕순·조도선·유동하가 나란히 앉아 있는, 표정들이 다소 침울해 보였다.

재판이 열린 2층으로 향했다. 비좁은 계단 입구에 높낮이가 다른 두 개의 문이 나타났다. 약간 높은 문은 판검사 등이 이용하는 계단이고, 그 옆 계단은 죄수들이 이용하는 '반성의 문'이다. 일제의 기발한 착상에 헛웃음이 나왔다.

안중근 일행은 오전 8시 40분경 법정에 모습을 드러냈다. 방청석에는 일본인들이 많았다. 관동법원 측으로부터 변호를 거절당한 미하일로프, 더글러스, 안병찬 변호사도 자리를 지켰다. 방청석에서 잠시 소란이 일었다. 안중근의 복장이 너무 초라하다는 지적이었다. 그날 안중근은 깃을 접은 양복에 스카치 바지를 입고 있었다.

재판을 진행할 판사, 검찰관, 서기, 통역, 관선 변호사가 입장했다.

재판장: 피고는 지금까지 어느 정도의 교육을 받았는가?

안중근: 《천자문》《조선역사》《맹자》 그리고 《통감》 등을 공부했다.

재판장: 외국어는 배우지 않았는가?

안중근: 프랑스 선교사 빌렘 신부로부터 프랑스어를 배웠으나, 다른 외

뤼순법원

법정 내부

국어는 알지 못한다.

재판장: 피고는 해외에서 활동한 3년 동안 어떤 목적을 가지고 지냈는가?

안중근: 한국 동포들을 위한 교육운동과 의병 활동을 했다. 그 필요성을 절실히 깨달은 건 러일전쟁 때였다. 지금으로부터 5년 전에 체결된 을사조약과 3년 전에 체결된 정미조약이 나를 해외에서 활동하도록 만들었다.

재판장: 피고는 한국의 앞날을 위해 어떻게 하는 것이 바람직하다고 생각하는가?

안중근: 원래 한국은 무력에 의존하지 않고 문필文筆로 세운 나라다. 그런데 일본국 통감 이토 히로부미가 강제로 조약을 체결하면서 한국을 침략했다. 이를 다시 되돌릴 수 있다면 예전처럼 독립된 나라에서 살기를 원한다.

재판장: 하얼빈 역에서 이토를 총기로 살해하고 수행원들에게 부상을 입혔는데, 이 사실을 인정하는가?

안중근: 그렇다. 이는 3년 전부터 갖고 있던 계획을 실행한 것이다. 또한 한국 참모중장으로서 한국의 독립을 위해 일본국 적장을 사살한 것이므로, 국제법에 따라 재판받는 것이 옳다고 본다. 나는 일반적인 살인범이 아니라 전쟁 포로이기 때문이다.

하지만 마나베 판사는 안중근이 재판의 잘못된 점을 지적하면 회피하는 경향이 있었다. 안중근도 물러서지 않았다. 단지동맹 사실을 법정에서 처음 밝힌 안중근은 더욱 공격적으로 임했다.

"나의 범죄는 분명하게 드러나 있다. 이토의 죄상 또한 세상 사람들이 익히 아는 바다. 나는 사사로운 감정에 이끌려 사람을 죽이지 않았으며, 하얼빈에도 한국 의병 참모중장으로서 임무를 띠고 왔다. 나는 전쟁을 벌여 이토를 습격했고 포로로 잡힌 것이다. 하여 관동법원과 내 사건은 아무런 관련이 없다. 나는 한국의 독립과 동양평화를 위해 군인 신분으로 싸웠을 뿐이다."

통역관을 거쳐 진행되는 재판은 그러나 회를 거듭할수록 힘들고 어려워졌다. 전쟁터에 버려진 외로운 병사 같았다. 자세를 곧추세운 안중근은 그럴수록 더욱 힘을 냈다. 관동법원 법정은 벼르고 벼른 제3의 전쟁터였다.

미즈노와 가마다, 두 관선 변호사의 변론이 이어졌다.

"안중근의 범죄는 분명히 드러나 의심할 여지가 없다. 그렇지만 이는 오해에서 비롯된 일이므로 그 죄가 무겁지는 않다. 게다가 한국인은 일본 사법관이 관할할 권한이 전혀 없다."

안중근은 피식 웃고 말았다. 하얼빈 거사가 오해에서 비롯되었다는 변론이 귀에 거슬렀다. 판검사는 물론이고 두 관선 변호사마저 짜놓은 시나리오대로 움직이는 듯했다. 일제의 침략성에 대해 발언을 할라치면 마나베 판사는 문서로 제출하라며 안중근의 입을 막아버렸다. 재판이 끝나갈 즈음 안중근은 속으로 다짐했다.

'두고 보라! 다음 재판은 일본국 4700만의 인격을 저울에 올려 근수를 달아보는 날이 될 것이다. 또한 나는 너희들이 가진 인격의 무게와 높낮이를 이 두 눈으로 지켜볼 것이다.'

재판을 마치고 돌아온 안중근은 마음이 뒤숭숭했다. 혼잣말을 중

안중근이 감옥에서 남긴 유묵 '고막고어자시'. '스스로 자만하는 것보다 외로운 것은 없다'라는 뜻이다.

얼거리게 된 것도 최근의 일이었다. 뤼순감옥 독방은 하루에도 수십 번씩 독백을 낳는 무서운 공간이었다.

'마나베 판사가 법률을 잘 몰라서 이러는가? 천황의 목숨이 중요치 않아서 이러는가? 이토 히로부미가 내세운 관리이기 때문에 이러는 가? 왜 이러는가? 가을바람에 크게 취하여 이러는가? 오늘 내가 이렇 게 고난을 당하는 것이 꿈인가, 생시인가? 나는 당당한 한국의 국민인 데 어째서 일본 감옥에 갇혀 있는가? 더구나 일본법에 따라 재판을 받 아야 하는 이유는 무엇인가? 판사도 일본인, 검사도 일본인, 변호사도 일본인, 통역관도 일본인, 방청인도 일본인……. 이것이야말로 벙어리 가 연설하고 귀머거리가 방청하는 것이 아니고 무엇인가? 이것이 진 정 꿈속 세계가 아니고 무엇이란 말인가? 꿈이라면 깨어라! 어서 빨리 깨어라!'

2월 12일, 5차 공판이 열리는 날이었다.

미조부치 검사의 사형 구형은 안중근을 충격에 빠트렸다. 안중근과 가장 가까운 거리에서, 가장 많은 대화를 나눈 사람이 바로 미조부치 검사였다.

> '이런 사람이 세상에 살아 있으면 많은 한국인들이 그의 행동을 본뜰 것이므로, 일본인들이 이를 두려워하고 겁을 내 마음 놓고 지내기가 어렵기 때문에 사형을 구형한다.'

안중근은 미조부치의 얼굴을 똑바로 쳐다보았다. 미조부치는 안중근의 치부를 낱낱이 들추어내더니 결국 사형에 처해달라고 했다.

싸늘하게 웃음을 짓던 안중근은 다시 독백 속으로 빠져들었다.

'예로부터 지금까지 협객과 의사는 끊이지 않았다. 그들이 모두 나를 본받아 그렇게 되었단 말인가? 속담에 열 명의 재판관과 친해지는 것보다 한 가지라도 죄가 없기를 바란다고 하지 않았던가. 몇 번을 생각해도 옳은 말이다. 그 많은 일본인 중에 왜 이토만 나에게 피해를 입어야 했단 말인가? 한국인을 겁내는 일본인이 있다면 그 또한 이토와 같은 목적을 가진 사람이 아니고 무엇이란 말인가? 그리고 내가 사사로운 원한으로 이토에게 해를 가했다고 하는데, 나는 이토와 생면부지 관계다. 이런 내가 무슨 개인적인 원한이 있단 말인가? 설령 내가 이토에게 개인적인 원한이 있어 그랬다면, 검찰관은 나에게 무슨 원한이 있어 사형을 구형한단 말인가? 이토가 일본에서 천황보다 높은 인물이어서 그런가? 일본의 사천만 인구가 이토를 모두 존경하기에 나에게 사형이라는 중벌을 청구했단 말인가? 일본인들은 재주가 없어 사형보다 더 큰 형벌을 미처 마련하지 못했기 때문인가? 아니면 내게 내

려진 형을 조금 경감해준다는 뜻에서 그렇게 한 것인가?'

안중근은 깊은 한숨을 내쉬었다. 천 번을 생각하고 만 번을 헤아려 보아도, 미조부치 검사의 사형 구형을 받아들일 수 없었다.

검사 구형에서 사형이 떨어진 다음 날이었다. 면회실에서 안중근을 기다리고 있던 정근은 심한 자책감에 빠져들었다. 검찰 취조에서 정근은 형에 대해 "나라에 공로가 많은 이토 히로부미를 죽인 것은 잘못된 일"이라며 부정적인 견해를 밝혔었다. 그런데 형의 재판을 지켜보면서 자꾸만 속이 뒤틀렸다. 뤼순 법정은 안중근을 단순 살인범으로 몰아가기에 바빴다.

'나는 이제 돌아오지 않을 것이다. 죽는 그날까지 조국의 독립을 위해 싸울 것이다. 그러니 너희 둘은 나를 대신해 가족들을 잘 돌봐야 한다.'

이제 알 것 같았다. 고향을 떠나는 날 형이 왜 그 같은 말을 남겼는지…… . 하얼빈 역에서 이토 히로부미를 사살한 형은 일본 재판부를 상대로 두 번째 전쟁을 벌이고 있었다.

"오늘도 둘이서 왔구나."

"형님……!"

면회실로 들어서는 형을 보는 순간 정근은 터져 나오는 눈물을 감추지 못했다. 자리에 앉은 안중근은 흐느껴 우는 동생의 어깨를 다독여주었다.

"다 큰 녀석이 눈물이나 보여 되겠느냐?"

"죄송합니다, 형님. 오늘은 어머니께서 꼭 전하라는 말씀이 있습니다."

"어머니께서? 어서 말해보거라."

"왜놈들에게 절대 목숨을 구걸하지 말라시면서, 대의를 먼저 생각하라고 하셨습니다."

"알았다. 내 걱정은 말고 어머니께 전해드려라. 오늘의 일도 내일의 일도 천주님 뜻에 맡길 것이라고."

세 번째 재판이 열리는 날이었다. 안중근은 작심 발언을 토해냈다.

"재판관, 당신 마음대로 하라! 당신이 내 입을 틀어막는 한 나는 아무 말도 하지 않겠다."

재판을 통해 더 큰 것을 얻어내려는 의도였다. 안중근은 일본의 이중성을 세계 언론에 알리면서, 뤼순에 동양평화를 정착시키려는 포부를 갖고 있었다.

면회 시간이 끝나갈 무렵이었다. 안중근은 두 동생의 얼굴을 번갈아 보았다.

"오늘은 너희들에게 전할 말이 있으니 꼭 실천해주길 바란다. 공근이는 재주가 많으니 학문을 연구하는 쪽으로 나갔으면 한다. 어려서부터 너는 공부에 재질이 있었다. 그리고 정근이는 실업가의 길을 걷도록 해라. 한국도 장차 공업이 발달해야 힘을 가질 수 있다."

검사 구형이 떨어지면서 재판도 빠르게 진행되었다. 1910년 2월 14일 오전 10시, 재판을 시작한 지 8일 만에 1심 선고가 내려졌다.

피고가 이토를 살해한 행위는 그 결의가 개인적인 원한에서 나온 것이 아니라고 하더라도, 치밀한 계획 끝에 감행한 것이므로 살인죄에 대한 극형을 내리는 것이 지당하다고 믿고, 피고 안중근을 사형에 처한다.

이어서 마나베 재판장은 우덕순에게 징역 3년, 조도선과 유동하에게 각각 1년 6개월의 형을 선고했다.

방청석에서 잠깐 술렁이는 소리가 들렸지만 안중근은 덤덤하게 받아들였다. 나이 어린 유동하가 울먹이는 모습이 못내 안타까웠다.

감옥으로 돌아온 안중근은 무언가를 쓰기 시작했다. 감추었던 눈물이 한꺼번에 쏟아졌다.

천만번 생각하다가 문득 크게 깨달아 손뼉을 치면서 울었다.
"나는 정말 큰 죄인이다. 내 죄는 다른 죄가 아니라, 어질고 약한 한국인으로 태어난 것이다."

밤이 깊을수록 안중근의 고민도 깊어졌다. 항소를 하려면 5일 이내에 결정을 내려야 하는데, 구체적인 방안을 고민 중이었다.

안중근은 히라이시 고등법원장과의 면담을 청했다. 항소를 포기하는 대신 《동양평화론》을 집필하고 싶었다.

히라이시 고등법원장과 마주 앉은 안중근은 먼저 사형 판결에 불복하는 자신의 입장부터 밝혔다.

"나는 오래전부터 두 가지 생각만 하고 달려왔소. 하나는 한국의 자주독립이요, 또 하나는 동양평화였소. 그런데 일본 정부는 이런 나의 뜻을 조금도 귀담아들으려 하지 않았소. 내가 항소를 포기하는 이유요."

잠시 후 안중근은 집필과 관련한 이야기도 꺼냈다.

"사형 집행 날짜를 한 달 정도 늦출 수 있겠소? 내 마지막 과제인 《동양평화론》을 쓸 생각이오."

"한 달이면 되겠소?"

"그 정도면 가능할 것이오."

"여러 달이 걸려도 좋으니 상부에 전달해서 허가를 받도록 해보겠소."

항소를 포기한 안중근은 뤼순감옥에서 집필 중인《안응칠 역사》부터 마무리했다. 법원과 감옥에서 일하는 직원들이 요청하면 틈틈이 서예 글씨도 써주었다.

합치면 성공하고 흩어지면 패망한다는 것은 오래전부터 정해져 있는 이치이다. 지금 세계는 동서로 나뉘어 있고, 인종도 각각 달라 서로 경쟁하고 있다. 일상생활에서 편리한 실용기계 연구가 농업이나 상업보다 전쟁물자 보급에 활용되고 있다. 그러나 기관총, 전투기, 잠수함 등은 사람을 상하게 하고 사물을 해치는 것들이다. 수많은 청년을 훈련시켜 전쟁터로 몰아넣고 있으며, 피가 냇물을 이루는 날들이 그치지 않고 있다.

항소를 포기하고 쓴 안중근의《동양평화론》서문이다. 처음 계획은 서문, 전감, 현상, 복선, 문답 등 5단계로 구상했으나 시간이 여의치 못했다. 여러 달이라도 줄 것처럼 말하던 관동법원 측은 사형 집행일이 임박했음을 알려왔다. 결국《동양평화론》도 미완으로 남고 말았다.

사형 집행일이 3월 26일로 발표되자 안중근은 면회 온 두 동생에게 종부성사를 부탁했다.

"어려운 일인 줄 안다. 하지만 마지막 떠나는 길에서 종부성사마저 받지 못한다면 이 죄를 누가 씻겨주겠느냐. 법원 측에서도 허락을 했으니 성사가 꼭 이뤄졌으면 좋겠구나."

면회를 마친 안정근은 어머니가 계시는 진남포로 급히 소식을 전했다. 종부성사는 시간을 다투는 일이었다. 그리고 무엇보다 중요한 건 한국 천주교 대표를 맡고 있는 뮈텔 주교였다. 빌렘 신부를 뤼순으로 모셔오려면 뮈텔 주교의 허가가 필요했다.

전보를 보내고 사흘쯤 지나서였다. 좋지 않은 소식이 들려왔다. 하얼빈 거사 후 안중근의 종교 관련 사실이 세상에 알려지자, 뮈텔 주교는 매우 불쾌한 심기를 드러냈다. 천주교인에게 살인은 그 어떤 이유로도 용납될 수 없는 부분이었다. 한편 세간에는 뮈텔 주교의 정교분리 원칙을 꼬집는 말이 돌기도 했다. 약소국에 부임한 뮈텔 주교는 일본에 상당히 호의적인 편이었다. 이토 히로부미 국장일에 조화를 보내는가 하면, 장례식에도 직접 참석했다.

빌렘 신부가 뤼순감옥으로 떠났다는 소식이 알려진 건 신문 보도를 통해서였다.

'뤼순을 향해 떠난 빌렘 신부에게 뮈텔 주교로부터 2개월 동안 미사 집전을 중지하라는 징계처분이 내려졌다. 천주교 원칙에 복종하지 않았다는 이유였다.'

뤼순에 도착한 빌렘 신부는 다음 날 안중근을 면회했다. 그때의 장면이 사진으로 남아 있다. 빌렘 신부와 두 동생은 등을 진 채 앉아 있고, 안중근은 간수들과 정면을 바라보는 사진이다.

통역을 담당했던 소노키 스에키는 3월 7~9일까지 빌렘 신부의 일정을 비교적 상세히 기록했다.

1910년 3월 7일, 우여곡절 끝에 빌렘 신부가 뤼순에 도착했다. 그는 재판부가 안중근의 고백성사를 허가한 데 대해 사의를 표했다. 그렇지만 빌렘 신부는 고백성사가 신부와 신자 사이에만 이뤄지는 비밀 행사이며, 이 때문에 모든 일이 일본 당국의 입회 아래 이뤄져야 한다는 형무소법과 충돌하는 문제를 상의했다.

3월 8일 오후 2시, 빌렘 신부는 두 동생과 함께 뤼순감옥을 찾아 3년 만에 안중근을 다시 만났다. 빌렘 신부는 죽음을 앞둔 신자로서 해야 할 일을 알려주고, 다음 날 고백성사를 하기로 하고 돌아갔다.

3월 9일, 감옥을 다시 찾은 빌렘 신부는 자기가 온 이유에 대해 설명했다.

"내가 뤼순에 오기까지는 많은 시련과 장애가 있었다. 이번 거사를 내가 시킨 것처럼 와전되어 적지 않은 의심을 받아야 했다. 어떤 정치적인 의미가 있는 것처럼 사람들이 알고 있어 무척 고단한 일이었다. 하지만 관동법원 측에서 특별면회 허가가 났다는 두 동생의 전보를 받고 오기로 결심했다. 오늘 면회의 목적은 세 가지가 있는데, 나는 나의 신앙의 아들을 사랑하기 때문에 네가 죽을 때까지 사랑하고 목숨을 다해 기도를 해야 한다. 그것이 하나다. 둘째, 나는 이번 너의 거사가 살인이며 그것이 옳지 않다는 것을 가르쳐야 한다. 셋째, 너의 고국과 동포와 교우들은 너의 이 큰 죄로 도저히 생명을 유지할 수 없고, 어느 나라 국법에 의

빌렘 신부와 면회하는 안중근

하더라도 반드시 사형에 처해질 것이라고 하며, 네가 깨끗이 죽음에 임하여 그 죄를 씻기를 원하고 있기 때문에 너의 모친과 교우들의 위촉을 받아 교우로서 죽기를 바란다."

고백성사는 같은 날 오후 2시에 이뤄졌다. 안중근은 감방에서 작성한 스무 장 분량의 고백성사를 담담히 읽어 내렸다. 빌렘 신부는 아주 작은 목소리로 하느님의 말씀을 전하였고, 성사는 20분간 진행되었다. 다음 날 오전 안중근을 한 차례 더 면회한 빌렘 신부는 위로와 강복을 전한 후 뤼순을 떠났다.

그로부터 2년이 지난 어느 날이었다. 빌렘 신부는 자신의 친구에게 한 통의 편지를 보냈다.

이토 히로부미가 죽은 것은 잘된 일이기도 하다. 한국, 러시아, 중국 사람들은 암살자를 칭찬한다. 물론 그(안중근)의 행동은 비非그리스도적이고 반윤리적이다. 그렇다고 해서 그의 행위가 무죄로 입증되거나 변

안중근의 어머니 조성녀

수의를 입은 안중근

명될 수 없다는 것은 아니다. 일본인들도 자기들 가운데 그 같은 용기와 애국심을 가진 사람이 없다는 것을 애석해한다. 안중근은 나라를 위해 자신을 바쳤고, 나라를 구하지는 못했어도 원수를 갚았음을 믿고 있었다. 그것을 이해하기 위해서는 한국을 알 필요가 있다. 안중근의 목적은 너무나 등한시되던 한국 문제로 국제적 관심을 끌려는 데 있었다. 알자스 로렌에서 독일군이 철수한 것처럼, 동북아시아를 아는 사람들은 일본군이 중국과 한국에서 철수하는 것만이 동북아시아의 문제를 해결하는 길이라고 생각한다.

종부성사를 마치고 감방으로 돌아온 안중근은 책상 앞에 앉았다. 먼저 그는 어머니께 편지를 올렸다.

어머님 전상서

예수를 찬미합니다.

불초한 자식이 어머님께 감히 한 말씀 올리려고 합니다.

엎드려 바라옵건대, 자식의 막심한 불효와 아침저녁으로 문안 인사 못 드림을 용서하여주시옵소서.

이슬과도 같은 허무한 세상에서 이 불초자를 너무나 생각해주시니, 훗 날 천당에서 만나 뵈올 것을 바라오며 또 기도합니다.

이 세상의 일이야말로 모두 천주님의 명령에 달려 있으니, 마음을 평안히 하시기를 천만번 바라올 뿐입니다. 분도는 장차 신부가 되게 길러주시기를 바라오며, 후일에도 잊지 마옵시고 천주님께 바치도록 키워주십시오.

이밖에도 드릴 말씀은 많사오나, 훗날 천당에서 기쁘게 만나 뵈올 때 다른 말씀은 그때 드리겠습니다. 위아래 여러분께 인사도 못 하오니, 신앙을 열심히 지키셔서 훗날 천당에서 기쁘게 만나 뵙겠다고 전해주시기 바라옵니다.

여러 가지 일은 정근과 공근에게 들어주시옵고, 제 걱정은 마시고 마음 편안히 지내시옵소서.

1910년 3월 24일 아들 도마 올림

안중근은 잠시 시간을 두었다가 다시 펜을 들었다. 마지막으로 동포들에게 전할 말이 있었다.

동포에게 고함

내가 한국의 독립을 회복하고 동양평화를 유지하기 위하여 3년 동안 해외에서 풍찬노숙으로 보내다, 마침내 그 목적을 달성하지 못하고 이곳에서 죽는다. 우리 이천만 형제자매는 각각 스스로 분발하여 학문에 힘쓰고, 실업을 진흥하며, 나의 끼친 뜻을 이어 자유 독립을 회복한다면 죽은 자로서 여한이 없을 것이다.

사형 집행을 앞두고 쓴 안중근의 옥중서신은 어머니, 아내, 사촌 숙부, 뮈텔 주교, 빌렘 신부 등 모두 여섯 통이다. 안중근은 그 편지를 면회 온 두 동생에게 대신 전했다.

1910년 3월 26일 새벽.

뤼순감옥은 봄을 재촉하는 보슬비가 내리고 있었다. 안중근은 어머니가 지어 보낸 수의로 갈아입었다. 한복 저고리는 흰색이고 바지는 흑색이었다.

네가 만약 늙은 어미보다 먼저 죽은 것을 불효라 생각한다면 이 어미는 웃음거리가 될 것이다. 너의 죽음은 너 한 사람 것이 아니라 한국인 전체의 공분을 짊어지고 있는 것이다.

네가 나라를 위해 이에 이른즉 딴맘 먹지 말고 죽으라. 옳은 일을 하고 받은 형이니 비겁하게 삶을 구하지 말고 대의에 죽는 것이 이 어미에 대한 효도다. 아마도 이 편지가 너에게 쓰는 마지막 편지가 될 것이다.

여기에 너의 수의를 지어 보내니 이 옷을 입고 가거라. 어미는 현세에서 너와 재회하기를 기대치 않으니 다음 세상에는 반드시 선량한 천부의 아들이 되어 이 세상에 나오너라.

눈을 감은 안중근은 묵상기도와 함께 십자성호를 그었다.

'너희 중에 누구든지 살인이나 도둑질이나 악행이나 남의 일을 간섭하는 자로 고난을 받지 말거니와 만일 그리스도인으로 고난을 받은즉 도리어 그 이름으로 하느님께 영광을 돌려라. 하느님의 집에서 심판을 시작할 때가 되었다.'

기도를 마친 안중근은 144일간 머문 감방을 정리했다. 쓰다 만《동양평화론》은 책상 위에 올려놓았다.

감방 문을 나서려던 안중근은 헌병 간수로 복무 중인 치바 도시치를 불렀다. 하얼빈 주재 일본 총영사관에서 뤼순감옥에 이르기까지 자신을 감시한 인물이었다.

"치바 상병에게 주려고 쓴 것이니 내 마지막 정성으로 받아주시오."

안중근은 치바 도시치에게 '爲國獻身 軍人本分(나라를 위해 헌신함은 군인의 본분이다)' 유묵을 선물로 주었다. 그동안 안중근을 지근거리에서 지켜본 치바 도시치도 깍듯한 자세로 감사를 표했다.

"선생님께 이런 말씀을 드려도 될지 모르겠습니다. 아침 배식을 들고 갈 때면 선생님은 미동도 없이 기도를 하고 계셨습니다. 하루도 빠짐없이 기도를 행하는 선생님을 보면서 깨달은 것이 있습니다. 저도 고향으로 돌아가면 선생님처럼 선한 사람이 되도록 정진하겠습니다."

"치바 상병이 그 같은 마음을 가졌다니 감사한 일이오. 치바 상병이 나를 감시하고, 내가 이토 히로부미를 죽인 것도 군인의 신분으로 행한 것이니 이해를 바라오. 기회가 된다면 우리 아시아에 평화가 찾아왔을 때 다시 만나기로 합시다."

"선생님께 미처 드리지 못한 말이 있습니다."

"말해보시오?"

"실은 어젯밤부터 뒷산에 구덩이를 파기 시작했습니다. 아마도 선생님의 유해는 한국으로 돌아가지 못할 것 같습니다."

"고맙소."

뤼순감옥에서 군 복무를 마친 후였다. 고향 센다이로 돌아간 치바 도시치는 다이린지大林寺 법당에 안중근 위패를 모시고 매일같이 기도를 올렸다. 철도원으로 일하던 그는 1934년 죽음을 앞두고 아내에게 간절한 유언을 남겼다.

"안중근 선생님을 부탁하오. 그분은 청렴한 인격의 소유자요, 평화

안중근이 치바 상병에게 준 유묵

사형장

를 향한 고매한 이념을 가진 분이셨소. 또한 내 일생에서 최고의 스승이 셨소."

마흔아홉의 나이로 치바 도시치가 세상을 떠난 뒤였다. 두 사람 사이에 자녀가 없던 치바의 아내 기츠요는 양녀로 삼은 조카 미우라에게 일렀다. 안중근에게 받은 휘호를 한국 정부에 기증해달라는.

안중근은 사형장을 향해 걸어갔다. 치바 도시치에게 선물한 휘호처럼 한국 참모중장의 마지막 길은 조금도 흐트러짐이 없었다. 자신의 임무를 다 마치고 귀향길에 오른 마음이었다.

사형장에 도착한 안중근은 미조부치 다카오 검찰관, 구리하라 사타키치 소장, 소노키 스에키 통역관이 지켜보는 가운데 교수대에 올랐다.

사형 집행관이 물었다.

"마지막으로 하고 싶은 말이 있는가?"

"동양평화를 위한 만세삼창과 기도를 올리고 싶다."

사형 집행을 알리는 백포가 머리에 씌워지자 안중근은 묵도와 함께 기도를 올렸다. 감옥의監獄醫가 안중근의 절명을 보고한 시간은 1910년 3월 26일 오전 10시 15분이었다.

짧은 시간, 먼 여정의 길을 함께 걸어온 우덕순도 그날을 기억하고 있었다.

'점심 무렵 간수가 불러내 갔더니 교회당에 조도선과 유동하가 먼저 와 있었다. 흰 천으로 덮인 운구가 보여 마지막으로 한 번만 얼굴을 보여달라고 했지만 아무도 들어주는 사람이 없었다. 우리 세 사람은 기도를 마친 후 각자 방으로 돌아가야 했다.'

옅은 먹구름 사이로 번져가는 석양빛에 잠시, 뤼순감옥을 배회할 때였다. 우덕순의 친일 문제는 마음을 무겁게 했다. 발단은 일제의 어용단체 '조선인민회' 하얼빈 지부장에서 비롯되었다. 반론도 있었다. 우덕순의 변절이 위장 전술로 보인다는 점이다. 그 예로 김좌진이 이토 히로부미의 양녀이자 친일 밀정이었던 배정자를 제거하려는 계획에 적극 동참한 인물이 우덕순이었다. 김좌진과 우덕순은 십여 년 넘게 관계를 맺어온 돈독한 사이였다. 당시 일제는 우덕순을 배일사상이 농후한 인물로 평가하기도 했다. 물론 우덕순이 '조선인민회' 하얼빈 지부장으로 활동한 사실이 친일로 밝혀진다면 그 또한 피할 수 없는 화살이다. 항일운동사에서 친일 밀정은 반드시 응분의 대가를 치러야 하는 까닭이다.

안중근의 시신을 인수해 가려고 감옥 입구에서 기다린 두 동생은 할 말을 잃고 말았다. 뤼순감옥 측은 일본 정부의 방침에 따라 안중근의 시신을 교부하지 않기로 결정이 났다며, 이미 매장이 끝났음을 알려왔다.

"오냐, 극형도 모자라 시신마저 돌려주지 않는 너희 왜놈들의 극악무도함을 결코 잊지 않으마. 언젠가 반드시 오늘의 이 한을 되갚아줄 날이 있을 것이다."

4개월 넘게 형을 옥바라지한 두 동생은 가슴에 피가 맺혔다. 통역을 맡은 소노키 스에키를 붙잡고 매달렸지만 돌아오는 건 메아리뿐이었다.

뤼순감옥에는 안중근을 기리는 기념관이 따로 마련되어 있다. 사형 집행을 당한 곳이다.

'안중근 의사 취의지 安重根 義士 就義地(순국 장소)' 안으로 들어가면 양쪽 벽면에 유묵이 걸려 있고, 헌화를 하는 사형장이 나타난다. 지상에서 사오 미터 높이에 매달려 있는 교수형 밧줄을 지나 집행을 앞둔 사형수가 대기하는 먹방으로 들어갔다. 사방이 꽉 막힌 먹방은 칠흑처럼 어두웠다. 몸 하나 겨우 들어갈 공간에 갇혀 눈을 감고 서 있자, 기념관 입구 벽에 걸린 색 바랜 유묵이 다가왔다. '國家安危 勞心焦思(국가안위 노심초사).' 안중근은 그렇게, 식민지 조국의 안위를 먼저 걱정하고 애태우다, 서른두 살의 나이로 우리 곁을 떠나갔다.

사형장에서 나와 북문北門 쪽을 향해 걸었다. 중국인 관광객들이 떼지어 몰려왔다. 뤼순감옥에서는 별로 반갑지 않은 풍경이다. 오늘따라 측백나무에 가린 담벼락 북문이 왠지 슬퍼 보였다. 마차에 실려 북문으로 빠져나간 안중근의 유해는 영영 돌아오지 못했다. 수인 공동묘지였던 뒷산마저 고층 아파트가 들어서 있다.

'자애로우신 나의 빌렘 신부여, 저에게 처음으로 세례를 주시고, 최후의 장소까지 내림하시어 친히 모든 성사를 베풀어주신 홍은에 감사합니다. 저를 잊지 마시기를, 저 또한 결코 잊지 않겠나이다.'

빌렘 신부에게 쓴 안중근의 마지막 편지가 애잔하게 들려왔다.

뤼순감옥에는 광복회 후원으로 조성된 '국제 의사들 기념관'도 있다. 뤼순감옥에서 순국한 안중근, 신채호, 이회영의 흉상이 돋보였다. 서간도에 신흥무관학교를 설립한 우당 이회영은 1932년에, '역사를 잊은 민족에게 미래는 없다'는 가르침을 남긴 단재 신채호는 1936년

뤼순감옥에 있는 안중근 의사 취의지

북대문 출구

에 숨을 거두었다.

한반도 면적의 세 배가 넘는 만주 땅에서 뤼순감옥만 한 곳이 또 있을까. 그곳은 한국의 독립투사들을 기리는 거대한 기념관처럼 보였다. 안중근, 신채호, 이회영, 홍범도, 김구, 백정기, 이강훈, 최흥식, 이강, 민필호, 유상근, 박희광, 황덕환, 채세윤……. 이렇게 많은 독립투사들을 한자리에서 보는 것만으로도 가슴이 뛰었다. 신채호가 지은 한 편의 시가 절로 맴돌았다.

나는 네 사랑
너는 내 사랑
두 사랑 사이 칼로 베면
고우나 고운 핏덩이가
줄줄줄 흘러내려 오리니
한 주먹 덥석 그 피를 쥐어
한 나라 땅에 고루 뿌리리
그 피 떨어지는 곳마다 꽃이 피어서
봄맞이 하리

그리고 상하이

● 열다섯 번째 발걸음 ●

안중근과 가족들

황푸장黃浦江

다롄에서 상하이는 일반 기차로 스물다섯 시간이 소요되는 먼 길이다. 랴오닝, 허베이, 산둥, 장쑤 등 네 개의 성(省)을 지나야 한다.

광활한 만주 벌판을 벗어난 상하이행 기차는 톈진에 이르러 가쁜 숨을 몰아쉬었다. 안중근은 산둥을 거쳐 상하이를 다녀갔고, 윤봉길은 칭다오를 경유해 상하이로 망명했다. 차창 밖 들녘 너머로 안중근의 노기 띤 얼굴이 그려졌다.

1905년 6월, 상하이에 도착한 안중근은 대한제국 전권대사로 미국을 다녀온 민영익을 방문했다. 러일전쟁 직후 상하이로 망명한 민영익은 대저택에 살고 있었다.

"우리 대감님께서는 한국 사람은 만나지 않습니다."

문지기 하인의 말에 안중근은 인상을 찌푸렸다.

"그럼 대감은 어느 나라 사람을 만나는 것이오?"

"그건 나도 잘 모르는 일입니다."

날도 저물고 해서 첫날은 숙소로 돌아갔다. 그런데 다음 날도, 그다음 날도 민영익의 대문은 열리지 않았다. 세 번이나 문전박대를 당한 안중근은 고래고래 소리를 질렀다.

"그대는 한국인이 되어가지고 한국 사람을 만나지 않으면 대체 어느 나라 사람을 만난단 말인가. 나라가 이같이 어려운 때를 만났음에도 정녕 혼자만 베개를 높이한 채 누워 지낼 참인가? 더구나 그대는 한국에서 여러 대에 걸쳐 국가의 녹을 먹어온 신하가 아닌가."

민영익을 단념한 안중근은 상인 서상근을 찾아갔다. 인천에서 건너온 서상근은 자산가로 알려졌다.

"잘 아시겠지만 한국의 형세가 몹시 위태롭소. 선생께 고견을 듣고자 방문했으니 저를 좀 도와주셨으면 하오."

"한국의 일은 꺼내지도 마시오. 정부 고관들이라면 이가 갈리는 사람이오. 그놈들에게 빼앗긴 돈이 얼만 줄 아시오? 수십만 원이 넘소. 그리고 난 정치에 관심 없소. 그따위 정치가 백성들에게 무슨 소용이란 말이오."

"아니오. 그렇지 않소. 백성이 없는 나라가 어디 있겠소. 몇몇 대관들을 꾸짖고 원망하는 건 좋지만, 우리가 먼저 국민 된 도리를 다해야지 않겠소. 국민이 국민 된 의무를 행하지 않는다면 거기에 따른 권리와 자유를 얻는 것도 어려울 것이오."

"나는 됐으니 그만 돌아가주시오. 일개 장사치가 무슨 할 말이 있겠소."

그야말로 낭패였다. 숙소로 돌아온 안중근은 머리가 지끈거렸다. 만나는 사람마다 나랏일에는 회의적이었다. 우린 그저 밥이나 벌어먹고 살겠다며 고개를 저었다.

아침 일찍 성당을 찾아 기도를 마치고 나오는 길이었다. 순간 안중근은 걸음을 뚝 멈추었다. 황해도 지방에서 전도할 때 만난 르각 신부가 서 있었다.

"토마스가 아니냐! 네가 무슨 일로 상하이에 있는 것이냐? 나는 홍콩을 거쳐 한국으로 돌아가는 길이다만……."

"신부님을 이곳에서 뵐 줄은 꿈에도 몰랐습니다."

"여기서 이러지 말고 조용한 곳으로 가자꾸나."

안중근의 숙소로 자리를 옮긴 두 사람은 그동안 쌓인 이야기를 나누었다.

"신부님은 한국의 비참한 사정을 알고 계십니까?"

"들어서 알고 있다."

"몇 달 전부터 아버지와 많은 상의를 했습니다. 상하이를 찾은 것도 그 때문이고요."

"이주를 하려는 것이냐?"

"가족들을 먼저 상하이로 이주시킨 다음 저는 국권회복운동에 동참할 생각입니다."

"보다시피 난 선교사 신분이라 특별히 해줄 말은 없다만, 네 말을 듣고 보니 애석한 마음이 드는구나. 한 가지 방법을 일러줄 테니 이치에 맞거든 행하고 그렇지 못하거든 버리도록 해라."

"감사합니다, 신부님."

"외세가 침략했다고 해서 모두가 집을 비우면 나라 안이 어떻게 되겠느냐? 사람이 살지 않는 집은 오래가지 못한다. 하여 나는 네가 본국으로 속히 돌아갔으면 좋겠구나. 아무려면 일본이 이천만 한국인의 혼까지 빼앗을 수 있겠느냐."

해외 이주를 계획했던 안중근은 고향으로 돌아가 교육 사업에 뛰

임시정부 입구 풍경

어들었다. 르각 신부도 보불전쟁으로 고향을 잃은 알자스 로렌 출신이었다. 암울한 시대를 몸소 겪은 그는 상하이로 망명하려는 안중근의 심정을 누구보다 잘 알고 있었다.

　기차역에서 내려 상하이 임시정부를 찾아가는 길이 즐겁지만은 않았다. 대한민국 임시정부 27년 동안 상하이에서 머문 기간은 13년. 그후 임시정부는 계속해서 자리를 옮겨야 했다. 항저우, 난징, 창사, 류저우, 충칭……. 아홉 번에 걸친 피난길은 그 거리만 4000킬로미터가 넘었다.

　집세 30원을 주지 못해 집주인에게 소송을 당했던 3층 건물 안으로 들어서자, 색 바랜 태극기가 시선을 잡아끌었다. 대각선으로 연결된

임시정부 동판   임시정부 건물 안에 설치된 태극기

두 장의 태극기는 대한민국 임시정부가 걸어온 상징물처럼 보였다. 사진 촬영이 금지된 김구 집무실은 청사 2층에 자리했다.

해주 경찰서로 연행된 김구는 다음 날 신문을 보고 알았다. 자신이 왜 경찰서 유치장에 갇혔는지를. 이토 히로부미가 안중근에게 피살되었다는 소식이 아침 신문에 실려 있었다.

백여 쪽 분량의 서류를 들고 나타난 일본 경찰의 취조가 시작되었다. 해주 경찰서가 모은 김구 관련 문서였다. 내심 김구도 급한 마음을 내려놓았다. 이토 히로부미 피살 사건에 안중근이 개입했다면 쉽게 풀려나긴 어려울 듯싶었다.

김구는 일찍부터 동학군 '아기 접주'로 이름을 날렸다. 황해도 해주

성 싸움에서 패한 김구는 회학동 인근에 머물고 있었다. 먼저 손을 내민 사람은 안중근의 부친 안태훈이었다. 회학동에서 청계동은 20리 길로, 만약 전투가 벌어진다면 양쪽 모두 피해가 클 수밖에 없었다. 안태훈은 밀사 편에 서찰을 띄웠다.

'김 군이 비록 나이는 어리지만 훌륭한 인품을 지녔다는 걸 잘 알고 있다. 내가 원하는 건 김 군의 부대와 싸우지 않고 서로 동맹을 맺는 것이다.'

안태훈의 제의로 청계동에서 넉 달을 보낸 김구는 《백범일지》에 다음과 같이 썼다.

> 안태훈은 아들이 셋 있는데 맏아들 이름은 중근이었다. 올해 열일곱 살인 중근은 상투를 틀었고, 자색 명주수건으로 머리를 동여매고서 날마다 사냥을 다녔다. 중근은 기상이 넘치고 사격술이 뛰어나, 나는 새와 달리는 짐승을 백발백중으로 맞히는 재주가 있었다. 어떤 날은 노루와 고라니 등 여러 마리를 잡아와 사병들을 위로하기도 했다.
>
> 그런 어느 날이었다. 안태훈은 자기 아들과 조카들을 위해 학교(서당)를 만들었다. 당시 빨간 두루마기를 입고 머리를 땋아 늘어뜨린 정근과 공근에게는 "글을 읽어라" "글을 써라" 독려하면서도, 정작 맏아들 중근에게는 공부 않는다고 질책하는 것을 보지 못했다.

청계동에서 시작된 안중근 집안과 김구의 인연은 상하이로 이어졌다.

무렁에서 분도가 사망한 후였다. 우수리스크로 이주한 안중근 가족을 상하이로 불러들인 사람은 안창호였다. 상하이 임시정부 내무총장을 지낸 안창호는 안중근 가족과 꾸준하게 인연을 맺어온 보기 드문 인물이다. 실업가가 되길 바랐던 안정근은 안창호의 주선으로 상하이 대한적십자회 회장을, 공부에 소질을 보였던 안공근은 김구의 최측근으로 활동했다. 일왕을 암살하러 떠난 이봉창의 선서식도 안공근 집에서 열렸다.

홍커우공원에서 윤봉길의 거사가 있은 뒤였다. 중일전쟁 발발로 미처 상하이를 빠져나가지 못한 독립운동가 가족들이 있었다. 임시정부 청사를 창사로 옮긴 김구는 안공근을 크게 나무랐다.

나는 안공근을 상하이로 보내 안중근의 부인인 큰형수를 모셔오라고 거듭 부탁하였다. 그런데 안공근은 자기 가속들만 거느리고 왔을 뿐 큰형수를 데려오지 않았다. 화가 난 나는 안공근을 크게 꾸짖었다. "양반 집에 화재가 나면 사당부터 먼저 옮기거늘, 혁명가가 피난하면서 국가에 헌신한 의사 부인을 적지에 둔다는 게 말이 되는 일이더냐. 이는 안중근 가문은 물론이고 혁명가의 도덕으로도 용인할 수 없는 일이다."

1920년 5월, 상하이로 이주한 안중근 가족은 프랑스조계 안에 있는 '남영길리南永吉里'에 모여 살았다. 안중근의 어머니 조성녀는 상하이 임시정부 경제후원회 창립총회에서 임원으로 선출되었다. 경제후원회를 주도한 사람은 도산 안창호였다. '임시정부 호주머니'라는 말이 나올 정도로 안창호는 궂은 일을 도맡아 했다. 미력하나마 조성녀도 안창호를 도와 재정 마련에 힘을 보탰다.

그 밖에도 조성녀는 청계동에서 인연을 맺은 김구의 어머니 곽낙원과 함께 활동을 펼쳤다. 한인동포 사회에 어려운 일이 생기면 어머니의 마음으로 문제를 해결하곤 했다. 임시정부 요원과 그의 가족들을 27년간 보살핀 정정화는 "너그러우면서도 대의에 밝은 분이었다"고 조성녀를 회고했다.

1927년 7월 사망한 조성녀의 장례는 프랑스조계 천주교당에서 상하이 교민장으로 치러졌다. 유해는 징안쓰靜安寺 만국공묘에 안장되었으나, 이후 도시개발로 묘지는 찾지 못했다.

상하이 임시정부 청사가 있는 골목은 아주 사소한 일상들이 공존한다. 세탁한 옷을 대나무 막대에 걸어 말리는 풍경이 가을바람에 산들산들 그네를 타는 듯했다. 상하이만의 익살맞은 풍경은 훙커우공원으로 향하는 길에도 어김없이 펼쳐졌다. 대나무 막대에 걸린 색색의 옷들이 마치 오랜 정경처럼 거리를 수놓았다.

지하철 훙커우쭈추창 역에서 멀지 않은 훙커우공원도 루쉰공원으로 바뀐 지 오래였다. 그런데 두 사람의 인연이 지기처럼 느껴졌다. 루쉰이 잠든 묘지가 바로 윤봉길의 거사 장소였던 것이다. 펜을 무기로 삼았던 루쉰 작가의 묘비문부터 찾아 읽었다.

'나는 하나의 종착점을 확실히 알고 있다. 그것은 무덤이다. 이것은 누구나 다 알고 있으며 길잡이가 필요하지 않다. 문제는 그곳까지 가는 길에 있다. 길은 한 가닥이 아니다. 원래 희망이란 있다고도 할 수 없고 없다고도 할 수 없다. 그것은 지상의 길과 같다. 가는 사람이 많아지면 곧 길이 된다.'

임시정부 청사가 있는 골목길

루쉰공원

1932년 4월 29일 오전 11시 40분, 그 길을 걸어간 사람이 있다. '너희도 만일 피가 있고 뼈가 있다면 반드시 조국을 위해 용감한 투사가 되어라'는 편지를 남긴 윤봉길이다.

1908년 충청남도 예산에서 출생한 윤봉길은 청소년 시절에 벌써 투사의 기질이 농후했다. 덕산공립보통학교에 입학한 그는 일본의 식민지 교육이 싫다며 학교를 뛰쳐나왔다.

1930년 6월 친구들이 마련해준 50원을 들고 상하이로 망명한 윤봉길은 안공근 집에 자리를 틀었다. 밤에는 공장 노동자로, 낮에는 야채 장사를 하며 길을 모색하던 윤봉길은 임시정부를 찾았다.

"제가 채소 바구니를 등에 메고 날마다 홍커우 방면으로 다니는 것은 다른 목적이 있습니다. 상하이로 온 지 두 해가 다 지나도록 죽을 자리를 찾지 못해 이렇게 선생님을 찾아왔습니다. 저를 믿고 지도해주시면 선생님의 은혜는 죽어서도 잊지 않겠습니다."

윤봉길의 이야기를 귀담아듣던 김구는 한인애국단 소속 이봉창의 얼굴이 떠올랐다. 지난 1월 히로히토 일왕의 암살 계획이 실패하면서 상하이 임시정부도 어려움을 겪고 있었다.

"때 맞춰 잘 오셨소. 내가 요사이 계획하는 일이 하나 있는데, 마땅한 사람을 찾지 못해 고민하던 중이었소. 신문을 보셨는지 모르겠지만 왜놈들의 기세가 하늘을 찌를 듯하오. 오는 4월 29일 홍커우공원에서 일왕의 생일을 축하하는 큰 행사를 연다지 않소. 그러니 윤군은 일생의 목적을 그날에 달성해보는 것이 어떻겠소?"

"듣던 중 반가운 소식입니다. 제가 그 일을 맡을 테니 선생님께서는 준비만 잘 해주십시오."

"한 번 더 깊이 생각해보는 건 어떻소?"

"아닙니다. 제가 죽을 자리는 이곳입니다."

거사 계획을 안공근에게 맡긴 김구는 시먼루에서 폭탄 제조업을 하는 김홍일을 찾아갔다.

창춘에 괴뢰만주국을 세운 일제는 상하이 사변을 일으키며 점차 점령지를 늘려갔다. 홍커우공원에서 열리는 천장절天長節 기념식도 섬나라의 위상을 주변국에 과시하려는 일종의 퍼포먼스였다. 며칠 전부터 일제는 기념식에 참석하는 사람은 점심 대용으로 도시락과 물병, 일장기를 준비하라며 신문에 대대적인 홍보를 하고 있었다. 김홍일이 제조한 폭탄은 모두 두 개였다. 물병을 개조해 만든 것과 거사 후 자결용으로 사용할 도시락폭탄이었다.

4월 29일, 거사의 날이 밝아왔다. 일본식 정장 차림으로 집을 나선 윤봉길은 임시정부 청사에서 기다리고 있던 김구와 뜨겁게 악수를 나누었다.

"제 시계를 선생님 시계와 바꾸었으면 합니다."

"웬 시계를……?"

"제 시계는 어제 6원을 주고 구입한 것인데 선생님 시계는 2원짜리가 아닙니까. 그래서 바꾸려는 겁니다. 앞으로 한 시간만 더 지나면 제 시계는 필요 없지 않겠습니까?"

윤봉길은 양복 주머니에서 회중시계를 꺼내 김구에게 주었다. 그의 손에는 두 개의 폭탄이 들려 있었다.

새 시계를 헌 시계와 바꾼 후 청사를 나설 때였다. 택시를 타려던 윤봉길은 순간 멈칫거렸다.

"선생님, 이것도 받으시죠."

"그냥 넣어두시오. 약간의 돈은 필요하지 않겠소?"

"택시비를 주고도 5~6원 남겠습니다."

"알겠소. 그럼 우리 지하에서 만납시다. 나도 곧 윤군을 뒤따라가겠소."

그리고 오후 1시경이었다. 3만 명이 모인 훙커우공원에서 결행 소식이 들려왔다. 상하이 파견군 총사령관 시라카와 요시노리와 일본 거류민단장 가와바다 사다쓰구는 현장에서 사망, 제3함대 사령관 노무라 요시사부로, 제9단장 우에타 겐키치, 주중공사 시게미쓰 마모루, 상하이 총영사 무라이 등은 중상을 입었다는 소식이었다.

훙커우공원 거사 직후 현장에서 체포된 윤봉길은 5월 25일 상하이 파견군 일본 사령부 군법회의 예심에서 사형선고를 받았다.

"마지막으로 남길 말은 없는가?"

"이미 죽기를 각오한 몸, 사나이로서 할 일을 했으니 기쁠 따름이다."

1932년 12월 19일 윤봉길은 일본 가나자와 육군형무소에서 총살되었다. 윤봉길은 두 아들에게 짤막한 편지를 남겼다.

너희도 만일 피가 있고 뼈가 있다면 반드시 조국을 위해 용감한 투사가 되어라. 태극의 깃발을 높이 드날리고, 나의 빈 무덤 앞에 찾아와 한 잔 술을 부어놓으라. 그리고 너희들은 아비 없음을 슬퍼하지 말아라.

'丈夫處世兮 其志大矣(장부처세혜 기지대의: 대장부가 세상에 처함이

여, 그 뜻이 크도다).'

'丈夫出家 生不還(장부출가 생불환: 대장부가 뜻을 세워 집을 나서면, 그 뜻을 이루기 전에는 살아서 돌아오지 않는다).'

하나는 하얼빈 거사 직전 안중근이 남긴 말이고, 다른 하나는 윤봉길이 망명길에 오르면서 남긴 말이다. 무엇이 다르고 무엇이 같은가? 누가 죄인이고 누가 의인인가? 서로 닮았다는 것은 아름다운 일이다.

루쉰공원 안에는 윤봉길 기념관을 알리는 이정표가 한글로 표기되어 있다. 루쉰 묘지에서 이정표를 따라 200여 미터 걸어가면 기념관 입구가 나오는데, 나들이객으로 왁자하던 공원도 숲속으로 들어가면 사위가 금세 고요해진다.

매헌 윤봉길 기념관

2층 목조 건물로 지은 '매헌梅軒'은 멋스러운 한옥을 보는 것 같았다. 검은색 기와를 얹은 지붕에서 고풍스러운 정취가 배어났다.

1층 전시관을 관람한 후 계단을 타고 2층으로 올라갔다. 윤봉길의 일대기를 영상으로 감상하는 2층 전시관에 목조의자가 놓여 있었다. 가방에서 책을 한 권 꺼내 의자에 앉았다.

며칠 전에 나는 어떤 부인을 한 분 알게 되었다. 그 부인은 바로 젊은 나이에 영웅적인 애국 행위를 하고 세상을 떠난, 너무나도 유명한 안중근 의사의 부인이었다.

이 부인은 일곱 살 된 딸과 세 살밖에 안 된 아들을 데리고 막연하게 북쪽으로 도망쳤던 것이다. 그 후 부인은 십여 년이나 시베리아 땅에서 방랑생활을 했고, 일본은 이 가족을 더욱 추적했으며, 혹한과 가난 그리고 자식들에 대한 걱정이 끊일 날이 없이 지금까지 살아왔던 것이다. 이제 부인은 상하이로 오게 되었고, 조국을 위해 목숨까지 바친 의사의 부인이라는 것이 알려지자 한국 남자들의 보호를 받게 된 것이다.

얼굴도 갸름하고, 나이는 삼십쯤 되어 보이는 이 부인은 내가 회색으로 도배질되어 있는 작은 방으로 들어가려고 하는데 악수를 청했다.

"얘가 내 딸이에요."

부인은 열일곱 살쯤 돼 보이는, 중국 옷차림으로 서 있는 여학생을 가리키면서 나에게 소개했다. 아들은 소련 옷차림을 하고 있었으며, 아주 튼튼하게 생긴 것이 얼굴색은 더욱 건강해 보였다. 우리는 식탁에 자리를 잡고 앉았다. 그 부인은 나에게 나이는 몇 살이고 직업은 무엇이며, 가족들은 어디에 있는가 등을 물어보았다. 내가 나이를 말했더니 "그렇게 어려요?"라고 말하는데, 아주 부드러운 목소리였으나 어딘가 모르게 슬픈 어조였다.

부인이 사는 집에는 가족에 속하는 두 남자가 더 있었다. 한 사람은 안중근 의사의 친동생이고, 또 다른 한 명은 그분의 사촌 되는 사람이었다. 안중근 의사의 친동생 되는 사람(안공근)은 엄하고 과묵한 편으로, 나이는 사십 중반쯤 돼 보였다. 나는 이 사람 덕으로 상하이에 체류하는 동안 안중근 가족들과 같이 지낼 수 있었다.

상하이에 온 지 벌써 여러 달이 지나갔다. 집에서 보내온 돈과 함께 편지를 받은 나는 떠날 준비를 하였다. 방에는 내가 들고 갈 가방이 놓여 있었고, 가방 위에는 안중근 의사 부인이 선사한 담요가 있었다. 이제 오늘부터는 이 부인을 볼 수 없겠구나 생각하니 가슴이 답답해졌다. 이 부인과 그 집의 착한 애들은 아침저녁으로 나를 위로해주고 따뜻하게 대해주지 않았는가!

안중근의 아내 김아려

부인에게 작별 인사를 하러 갔더니 그녀는 창가에 앉아 있었다. 이 부인은 가끔 그 자리에 조용히 앉아서 먼 하늘을 바라보는 습관이 있었다.

황해도 해주에서 출생한 이미륵(본명 이의경)은 3·1운동 가담 후 경성의학전문학교를 그만두었다. 스물한 살의 나이로 압록강을 건넌 그는 상하이로 향했다. 일제 치하에서 유럽 등지로 유학을 가려면 중국 여권을 취득해야 했는데, 김아려의 집이 바로 한국 청년들이 모여드는 곳이었다. 독일로 떠나기 전 상하이 임시정부 청년외교단에서 활동한 이미륵은《그래도 압록강은 흐른다》에 김아려의 이야기를 남긴 유일한 작가다.

두 남매를 키우며 남편의 빈자리를 지켜온 김아려는 1946년 2월 27일, 상하이에서 생을 마쳤다. 만국공묘에 묻힌 그녀의 유해도 도시 개발로 유실되고 말았다.

김구, 도진순 주해, 《백범일지》, 돌베개, 2003.

김기협, 《망국의 역사, 조선을 읽다》, 돌베개, 2010.

김삼웅, 《안중근 평전》, 시대의창, 2009.

김우종·리동원 편저, 《안중근 의사》, 흑룡강 조선민족출판사, 1998.

김우종 엮음, 《안중근과 할빈》, 흑룡강 조선민족출판사, 2005.

김자동, 《임시정부의 품 안에서》, 푸른역사, 2015.

김제철, 《눈빛》, 푸른사상, 2012.

김영진 엮음, 《이토 히로부미와 안중근》, 모든북, 2017.

노성태, 《독립의 기억을 걷다》, 한울, 2010.

목릉(무링) 조선족교육사 편찬위원회, 《목릉(무링) 조선족교육사》, 흑룡강 조선민족출판사, 2004.

바르바라 바르누앙·위창건, 유상철 옮김, 《저우언라이 평전》, 베리타스북스, 2007.

박도, 《영웅 안중근》, 눈빛, 2010.

박영희, 《만주를 가다》, 삶창, 2008.

박영희, 《하얼빈 할빈 하르빈》, 아시아, 2015.

박환, 《러시아 한인 민족운동사》, 탐구당, 1995.

박환, 《박환 교수와 함께 걷다, 블라디보스토크》, 아라, 2017.

사이토 타이켄, 《내 마음의 안중근》, 집사재, 2002.

사키 류조, 《안중근과 이토 히로부미》, 제이앤씨, 2003.

서명훈, 《할빈시 조선민족 백년사화》, 민족출판사, 2007.

송기호, 《발해를 찾아서》, 솔, 1993.

신용하,《한국 항일독립운동사 연구》, 경인문화사, 2006.

안중근,《안중근 의사 자서전》, 범우사, 2017.

안중근,《동양평화론》, 범우사, 2016.

안병욱·안창호·김구·이광수 외,《안창호 평전》, 청포도, 2005.

원재훈,《안중근, 하얼빈 11일》, 사계절, 2010.

이기웅,《안중근 전쟁 끝나지 않았다》, 열화당, 2000.

이덕일,《근대를 말하다》, 역사의아침, 2012.

이미륵,《그래도 압록강은 흐른다》, 범우사, 2007.

이사벨라 버드 비숍,《조선과 그 이웃 나라들》, 집문당 2000.

이태복,《도산 안창호 평전》, 동녘, 2006.

정운현·정창현,《안중근家 사람들》, 역사인, 2017.

정운현,《조선의 딸, 총을 들다》, 인문서원, 2016.

정정화,《장강일기》, 학민사, 2011.

정호원,《안중근 평전》, 연변대학출판사, 2018.

한용운,《한용운 전집》, 신구문화사, 1974.

황재문,《안중근 평전: 평화를 위해 총을 겨눈 인간의 다면적 초상》, 한겨레출판, 2011.

황현,《매천야록》, 서해문집, 2006.

(사)안중근평화연구원,《안중근·우덕순·조도선·유동하 공판기록– 안중근 사건 공판 속기록》, 채륜, 2014.

㈜안중근평화연구원,《안중근·우덕순·조도선·유동하 등 공술기록》, 채륜, 2014.

㈜안중근평화연구원,《우덕순·조도선·유동하 신문기록》, 채륜, 2014.

㈜안중근평화연구원,《안중근·우덕순·조도선·유동하 공판기록-공판시말서》, 채륜, 2014.

㈜안중근평화연구원,《한국인 집필 안중근 전기 Ⅰ》, 채륜, 2014.

㈜안중근평화연구원,《한국인 집필 안중근 전기 Ⅱ》, 채륜, 2014.

㈜안중근평화연구원,《안중근 가족·친우 등 신문·취조·청취기록》, 채륜, 2014.

㈜안중근평화연구원,《안중근 신문기록》, 채륜, 2014.

㈜안중근평화연구원,《러시아 관헌 취조문서》, 채륜, 2014.

㈜안중근평화연구원,《국외 한인 발행 신문 중 안중근 기사 Ⅰ-신한민보》, 채륜, 2014.

㈜안중근평화연구원,《국내 신문 중 안중근 기사 Ⅰ-황성신문》, 채륜, 2014.

㈜안중근평화연구원,《국내 신문 중 안중근 기사 Ⅱ-대한매일신보》, 채륜, 2014.

㈜안중근평화연구원,《재만 일본 신문 중 안중근 기사 Ⅰ-만주일일신문》, 채륜, 2014.

㈜안중근평화연구원,《재만 일본 신문 중 안중근 기사 Ⅱ-만주일일신문》, 채륜, 2014.

㈜안중근평화연구원《일본 신문 중 안중근 기사 Ⅱ-도쿄 아사히신문》, 채륜, 2014.

㈜안중근평화연구원,《일본 신문 중 안중근 기사 Ⅲ-도쿄 아사히신문》, 채륜, 2014.

㈜안중근평화연구원,《재한 일본 신문 중 안중근 기사 Ⅰ-조선신문》, 채륜, 2014.

㈜안중근평화연구원,《재한 일본 신문 중 안중근 기사 Ⅱ-조선신문》, 채륜, 2014.

㈜안중근평화연구원,《재한 일본 신문 중 안중근 기사 Ⅲ-조선신문》, 채륜, 2014.

김연수,〈안중근의 위대한 여정〉,《국민일보》, 2004. 10. 24.

안중근과 걷다

크라스키노에서 상하이까지

ⓒ 박영희, 최종수 2019

교회인가 2019년 9월 11일 천주교 의정부교구장 이기헌 베드로 주교

발행일 초판 1쇄 2019년 10월 25일
　　　　2쇄 2019년 11월 22일

지은이 박영희, 최종수
편집 김유민
디자인 이진미
펴낸이 김경미
펴낸곳 숨쉬는책공장
등록번호 제2018-000085호
주소 서울시 은평구 갈현로25길 5-10 A동 201호 (03324)
전화 070-8833-3170 팩스 02-3144-3109
전자우편 sumbook2014@gmail.com
페이스북 / soombook2014 트위터 @soombook

값 16,500원 | ISBN 979-11-86452-50-9
잘못된 책은 구입한 서점에서 바꿔 드립니다.
이 도서의 국립중앙도서관 출판예정도서목록(CIP)은
서지정보유통지원시스템 홈페이지(http://seoji.nl.go.kr)와
국가자료종합목록 구축시스템(http://kolis-net.nl.go.kr)에서
이용하실 수 있습니다. (CIP제어번호 : CIP2019039487)